Unique Life Creator

3 Stappen naar Jouw Gezondheid, Rijkdom en Geluk

Nelleke Scholten

NELLEKE SCHOLTEN

Disclaimer

Dit boek is met zorg en veel inspanning samengesteld en ontwikkeld om haar lezers te voorzien van informatie en motivatie. De auteur heeft ernaar gestreefd om de ervaringen over de onderwerpen die worden behandeld op oprechte wijze met de lezer te delen. De situaties zoals geschetst in dit boek gelden uitsluitend ter illustratie. De lezer is volledig verantwoordelijk voor het beoordelen van de bruikbaarheid en de toepassing van de inhoud en hoe dit te vertalen naar de eigen, persoonlijke situatie. Noch de schrijver(s), noch de uitgever kunnen verantwoordelijkheid nemen voor de resultaten van het gebruik en de toepassing van de inhoud van dit boek en wijzen hierbij iedere aansprakelijkheid af voor enige fysieke, psychologische, emotionele, financiële of commerciële schade inclusief, maar niet beperkt tot, speciale, incidentele, gevolg- en andere schade, als gevolg van onjuiste interpretaties of als gevolg van onjuiste of ontbrekende informatie.

Gepubliceerd door DVG STAR PUBLISHING
www.dvgstar.com

Foto's door Christiaan Hofland Fotografie
Illustraties door Annemieke de Nijs en Renate Brown – Van Dijk

ISBN: 1-912547-21-X
ISBN-13: 978-1-912547-21-0

OPGEDRAGEN AAN

Mijn geliefde en soulmate Rik, en dochter Vera. Jullie hebben mij in staat gesteld om te ontwikkelen en door goed en slecht weer geleid. Jullie hebben mij geïnspireerd om mijn kennis en liefde te delen en mijn droom te vervullen.

"The Unique Life Creator System ™
Empowers People To Get Ultimate **Freedom**,
A Better **Connection** And It Increases Their
Personality To Become Happy And Healthy And
Live Life To The Fullest!"

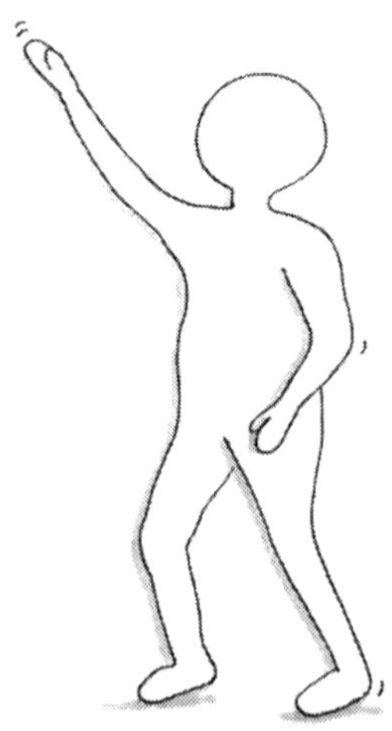

INHOUD

Toelichting op de taal waarin enkele teksten zijn geschreven.

Het boek is in de Nederlandse taal geschreven. In sommige situaties is de originele Engelse tekst aangehouden omdat het de waarde van de tekst zou ontkrachten als het zou worden vertaald in het Nederlands.

DR. PARTAP'S VOORWOORD

Ziekten in het algemeen en met name ziekten die zijn gerelateerd aan lifestyle, zoals Diabetes, Obesitas, Hoge bloeddruk, Beroerte en vele andere, zijn over de hele wereld sterk in opkomst. Een van de belangrijkste oorzaken van ziekten is dat wij niet bekend zijn met onze menselijke natuur (*prakriti*). Om die reden creëren we een onbalans door het eten van voeding, doen wij allerlei dingen en voeren wij activiteiten uit die niet bij onze natuur passen. Daarnaast zorgt het constante stimuleren van de geest en de opbouw van stress voor verdere onbalans in onze fysieke en mentale welzijn.

Ayurveda, de aloude gezondheidswetenschap die meer dan 5000 jaar wordt toegepast, ziet ieder mens als uniek. Gebaseerd op iemands unieke natuur, adviseert Ayurveda over voeding, lifestyle, bewegen en andere activiteiten. Volgens Ayurveda doen ziekten zich voor als er sprake is van een verstoring in onze natuur. De behandeling van ziekten is erop gericht om ons weer terug te brengen naar onze oorspronkelijke natuur, door het gebruik en toepassen van natuurlijke kruiden, voeding, yoga, ademhalingsoefeningen, meditatie en reinigingstherapieën.

Nelleke, die ik inmiddels 20 jaar ken, heeft een geweldig programma ontwikkeld, genaamd: "The Unique Life Creator System™". Het programma is gebaseerd op Ayurveda en Neuro Linguïstisch Programmeren (NLP). The Unique Life Creator System™, en het boek, *Unique Life Creator™,3 Stappen naar Jouw Gezondheid, Rijkdom en Geluk*, kijken naar alle aspecten van gezondheid en het leven. Voor de eerste keer ontmoet Ayurveda NLP, om iedereen gezondheid en geluk te bieden.

Toen ik Nelleke voor de eerste keer ontmoette, was zij in Nederland een gekwalificeerde Klassieke Ayurveda massage therapeut. Zij kwam mij op het spoor omdat zij meer wilde leren over de authentieke Ayurveda uit India, het land van oorsprong. Ze heeft mij uitgenodigd om Nederland te bezoeken en sinds die tijd zijn wij in contact. Ik ben ervan overtuigd dat Nelleke door haar nieuwe programma, "The Unique Life Creator System™" en het boek Unique Life Creator, 3 Stappen naar Gezondheid, Rijkdom en Geluk", veel mensen zal begeleiden naar Gezondheid en Geluk. Ik wens haar dan ook alle goeds toe voor deze nieuwe reis, op weg naar het creëren van een gezonde, gelukkige en vredevolle samenleving. Omdat dit ook het doel van Jiva Ayurveda is, geef ik haar mijn volledige steun en support voor dit prachtige programma.

Dr. Partap Chauhan, BAMS (Ayurvedacharya).
Founder Director, Jiva Ayurveda,
New Delhi, India.

TOSIN'S VOORWOORD

Ik heb Nelleke vier jaar geleden voor het eerst ontmoet bij de Public Speakers University in London waar ik zelf presenteerde. We werden aan elkaar voorgesteld en ik was op dat evenement een van de vele coaches die ook Nelleke begeleidde bij deze vierdaagse training.

Na die training hebben we weinig contact gehouden, maar na vier jaar heeft vertrouwen ons weer samengebracht.

Nelleke zocht support voor haar eigen training, waar zij vele uren werk in had gestopt. Zij vroeg mij of ik haar kon helpen aan wat inspirerende activiteiten om te gebruiken in haar trainingen.

Ik wilde haar wel helpen en om daar gevolg aan te geven legden wij een datum en tijd vast voor een afspraak. Gedurende de sessie ontdekten wij dat zij eigenlijk een volledig nieuw raamwerk en structuur nodig had voor dat wat zij in de markt wilde zetten.

Om een lang verhaal kort te maken; wij hebben haar jarenlange ervaring en kennis over de Ayurveda en NLP (Neuro Linguïstisch Programmeren) uit haar systeem naar boven gehaald.

Dit was heel uniek en speciaal, het was de geboorte van een nieuwe Identity framework genaamd "The Unique Life Creator System™, en dat bracht ons op het idee van dit boek, 'Unique Life Creator', 3 Steps to Your Health, Wealth and Happiness.

Dit laat zien dat als je toegewijd bent en mensen wilt dienen, zoals Nelleke is, het Universum altijd samenwerkt om je te ondersteunen op manieren die onvoorstelbaar zijn voor de menselijke geest.

Nelleke heeft veel tijd, geld en opoffering geïnvesteerd om een droom te realiseren, zodat anderen ook hún droom kunnen realiseren. Dit boek is een combinatie van al haar ervaringen en expertise die ze deelt om anderen te dienen. Het zal je helpen om onafhankelijk te zijn, een betere connectie te maken en nog belangrijker een lifestyle te creëren die jij wenst. Voor iedereen een absolute aanrader om te lezen.

Tosin Ogunnusi
UK's No.1 Empowerment Trainer & Executive Coach

DANKWOORD

'Unique Life Creator' is het resultaat van de verbinding die ik heb of heb gehad met een uitzonderlijke groep mensen die in mijn leven zijn of een stuk of stukje op mijn levenspad hebben meegelopen. Onze verbinding, gedrevenheid, doel in het leven, universele liefde en missie hebben ons bij elkaar gebracht. Het heeft ertoe geleid dat de inspiratie, inzichten, kennis en waarden die wij met elkaar delen kan worden omgezet in een programma dat mensen, waar dan ook in de wereld, stimuleert om een eigen uniek leven te creëren en op weg te gaan naar gezondheid, rijkdom en geluk.

Dank je wel mijn lieve man, partner en soulmate Rik. Jij bent mijn gids, mijn kracht en motivator. Dank je wel dat jij je leven met mij deelt, mij liefhebt, naast mij staat en dat je de beste vader van de wereld bent voor onze prachtige dochter. De motor in ons leven draait op jouw onvoorwaardelijke liefde, zorgzaamheid en toewijding.

Dank je wel Vera, lieve en prachtige dochter, dat je in ons leven bent. Vaak heeft jouw ziel mijn ziel aangeraakt en ontroerd. Jij hebt jouw eigen unieke pad gevonden dat niet alleen voor jou maar ook voor ons leerzaam is.

Dank jullie wel, mam en pap, voor jullie onvoorwaardelijke liefde en de waarden van het leven die jullie mij hebben bijgebracht. Hierdoor ben ik geworden tot wie ik nu ben.

Dank jullie wel lieve broers, Leo en Hans. Bedankt dat jullie als een gids, een voorbeeld, leermeesters, maatjes en vertrouwelingen er altijd voor mij waren.

Speciale dank gaat uit naar Dr. Partap Chauhan van Jiva Ayurveda voor de oprechte verbinding en herkenning op zielsniveau. Bedankt voor de kennis die je hebt gedeeld en het onderwijzen van de Ayurveda. Dank je dat je er altijd bent om mij bij te staan bij vragen en daar waar het nodig is. Bedankt voor alle inzet om de kennis van de Ayurveda wereldwijd uit te dragen. Dank aan de teamleden en Jiva Ayurveda familie in India.

Ook gaat mijn dank uit naar de Ayurvedische artsen en specialisten die mij hebben gedoceerd via vele lezingen en workshops bij Holisan in Nederland.

Dank aan de inspirerende mentoren en coaches, ieder op eigen wijze, die hebben bijgedragen aan mijn ontwikkeling. Die mij hebben geholpen en gestimuleerd om vanuit mijn hart de juiste woorden te spreken, om mijn liefde, kennis en ervaring te delen met anderen.

Dank aan Wim Belt, T. Harv Eker, Marcel Meijlink, Vincent van der Burg, Andy Harrington, Sammy Blindell, David Shephard, Miles Fryer, Jochem Klijn en Maurice Hilferink.

Mijn bijzondere dank gaat uit naar een zeer dierbare en geweldige Empowerment trainer, coach en mentor; Tosin Ogunnusi! Bedankt dat je zo in mij gelooft, mij inspireert en traint. Dat we vreselijk lachen en als het erop aankomt jij mij net die duw in de rug geeft met de volledige overtuiging dat ik kan vliegen. Bedankt dat je mij hebt geïntroduceerd bij Mayooran Senthilmani, een geweldig betrokken uitgever met visie en het fantastische team van DVG STAR Publishing. Ik ben enorm dankbaar om met deze mensen te werken. Bedankt Mayooran voor jullie geweldige inzet, het coachen, ontwerpen en publiceren van dit boek.

Alle leermeesters en trainers via de vele boeken, bedankt. Jullie boeken en trainingen hebben mij zeer geïnspireerd om mijzelf te ontwikkelen en bredere inzichten te krijgen.

Fantastisch was het om deel uit te maken van de geweldige Mastermind-groep SunPower! Het elkaar stimuleren om te leren en te ontwikkelen, elkaar te helpen in de brainstorm sessies, de lol die we hadden en het werken naar de volgende stap in onze ontwikkeling was een superleuk avontuur. Bedankt Josip, Laura en Dimitri!!

En een absoluut dankjewel gaat uit naar de fantastische nationale en internationale Brand Builders van de Brand Builders Club! Speciale dank aan enkele Nederlandse leden die in het bijzonder hebben bijgedragen aan de realisatie en presentatie van dit Nederlandse boek. Dank José Pieterson, Saskia van de Riet, Annemiek de Nijs en Renate Brown – Van Dijk!

"

However difficult life may seem, there is always something you can do and succeed at.

"

Stephen Hawking

INTRODUCTIE

Stel je voor het is de laatste dag in jouw leven hier op aarde en je kijkt om, wat zou je dan zeggen? Stel je dat eens voor….

- Waar heb je spijt van?
- Wat heb je gemist?
- Heb jij je onafhankelijk en vrij gevoeld?
- Voelde jij je verbonden met het leven en met mensen in het algemeen? Hoe was dat?
- Was je gelukkig met jouw stijl van leven, met wat je deed en wat je had?
- Was je gelukkig en gezond?
- Kon je loslaten of hield je vast aan alles wat het leven met zich meebracht?

Als je naar al deze verschillende vragen kijkt, ben je er ooit bewust van geweest wat de werkelijke kracht hierachter is? Wat ons emotioneel vormt en uiteindelijk onze eindbestemming bepaalt?

Tony Robbins stelt dat er zes belangrijke menselijke behoeften zijn die een zeer belangrijke rol in ons leven spelen.

Dit zijn: 1. Zekerheid, 2. Onzekerheid of variatie, 3. Erkenning en van belang zijn, 4. Liefde en verbinding, 5. Persoonlijke groei en 6. Bijdrage leveren. Onze persoonlijkheid wordt gedreven door de eerste vier, terwijl de laatste twee behoeften meer benadrukken hoe we onze spirituele behoeften vormgeven. Om zelfsabotage te voorkomen is het van belang dat je naar jezelf kijkt en naar jouw omgeving, de mensen om je heen.

The Unique Life Creator System™ is een programma waarmee je verschillende aspecten in je leven onder de loep neemt. In welk gebied in je leven zie je uitdagingen om te overwinnen en welke doelstellingen heb je?

Als je merkt dat er in een bepaald gebied in je leven een onbalans is, kun je dan werkelijk gelukkig zijn? Om gelukkig te kunnen zijn is balans nodig.

Dit programma neemt je mee op de fantastische reis door jouw leven.

Be what others are afraid to be!

Be authentic!

Be the exception!

Wat vind jij als lezer in dit boek?

Als je dit boek leest en je mee laat nemen, dan kun je jezelf wellicht in sommige voorbeelden en onderwerpen herkennen. Situaties waar je zelf in hebt gezeten of misschien nog zit. Vaak weten we wel hoe het zit of wat er in ons rugzakje zit. Toch is het zo dat wanneer je de dingen benoemt, je bewust wordt van het feit dat het er is. Je ziet dan welk effect het op jouw systeem heeft of kan hebben. Je ziet welke invloed het heeft op jouw denken, jouw gedrag, jouw communicatie, maar ook wat het doet met jouw gezondheid.

Als je voor jezelf stappen wilt zetten om duidelijk te krijgen waar belemmeringen voor je zitten en je wilt je graag verder ontwikkelen op persoonlijk of zakelijk gebied, maar op de een of andere manier blijven de resultaten achter, dan is het heel erg goed en vooral ook interessant om eens wat dieper op bepaalde aspecten in je leven in te zoomen. Dan heb ik het hier over drie aspecten waar wij allemaal in het leven mee te maken hebben zoals onafhankelijkheid, connectie en stijl van leven. Denk bij onafhankelijkheid aan vrij zijn of vrij voelen, mindset, aspiratie en ontwikkeling, bij connectie aan verbinden, netwerk en het leveren van een bijdrage. Tot slot stijl van leven of zoals we het ook noemen, lifestyle. Hier gaat het meer over de balans tussen mind, body en soul, jouw directe woon-/leefomgeving, inkomen en financiën.

Dit boek is zo opgezet dat je snel ontdekt waar jouw uitdagingen liggen en geeft leuke tips en acties die je direct kunt oppakken. Het is geen zakelijk studieboek, geen verhalenbundel of volledig wetenschappelijk boek. Het boek is gebaseerd op ervaringen, kennis en expertise van de auteur.

Het is bedoeld voor mensen zoals jij en ik om:

1. Jezelf te herkennen in situaties of eigen gevoelens.

Om je te realiseren dat je niet de enige bent die uitdagingen heeft.

2. Te leren welk effect jouw mindset, gevoelens en overtuigingen kunnen hebben op:

- jouw manier van leven.
- jouw manier van het nemen van beslissingen.
- hoe mensen op jou reageren.
- waarom jouw netwerk is zoals het is.
- hoe je past of welke rol je hebt in jouw familie.
- het feit dat inkomen en financiën (nog steeds) een dingetje zijn.
- jouw mindset, hoe het jou kan belemmeren om los te laten en vooruit te komen.
- de mate van jouw zelfvertrouwen en de reden waarom dat nog steeds laag is terwijl je er alles aan hebt gedaan.
- de onbalans in jouw lichaam, geest en ziel en wat dat heeft te maken met jouw gezondheid.
- jouw gevoel van welbevinden. Dat zelfs de wijk waarin je woont en jouw directe leefomgeving jouw gevoel van geluk kunnen beïnvloeden.
- het verstoren van jouw fysieke en emotionele balans.

3. Te ontdekken in welke van de drie belangrijkste gebieden in jouw leven de uitdagingen liggen.

4. Actie te nemen.

5. Uit te zoeken hoe je de uitdagingen oppakt en je de verandering kunt inzetten! Het leert je niet alleen hoe, maar het laat je zien waar je de veranderingen nodig hebt en hoe je de juiste actie kunt nemen in eenvoudige, kleine of grote stappen om tot betere resultaten te komen.

Allereerst begint het bij het lezen van dit boek. Bekijk op welke vlakken, in welke gebieden het betrekking heeft op jouw leven en situatie. Doe vervolgens de oefeningen die voor jou van toepassing zijn of die je gewoon leuk vindt om te doen. De volgende stap om meer inzicht in jouw situatie te krijgen en hoe je de uitdagingen aangaat, is het deelnemen aan de trainingen van het programma The Unique Life Creator System™. Deze trainingen zullen online, via trainingsevents, seminars en individuele coaching beschikbaar zijn.

Door de jaren heen heb ik mijzelf ontwikkeld door het volgen van specialistische opleidingen en trainingen en door het lezen van veel boeken over de gerelateerde onderwerpen. Maar ook door het geven van lezingen en het coachen en begeleiden van mensen. Vaak werd mij gevraagd "waarom schrijf je geen boek?" Ik vond en vind het heerlijk om te leren, mijzelf te ontwikkelen en mijn kennis te delen met mensen, maar een boek schrijven? Daar was ik toch echt niet aan toe. Ik zou mij eerst nog veel meer moeten bekwamen voordat ik er zelf aan kon denken om een boek te schrijven. Dat was mijn overtuiging.

Toen ik enkele jaren geleden de training volgde "How to write and publish a book", werd mij duidelijk dat het niet gaat over het schrijven van het perfecte boek. Het gaat erom dat je jouw kennis en ervaringen deelt en dat je laat zien dat niet perfect zijn, meer perfect is dan perfect zijn. Tja, en wie bepaalt nu eigenlijk wanneer iets perfect is?

Alles was aanwezig, de inhoud en de ideeën voor mijn zelf ontwikkelde training, maar waarom had ik er nog niets mee gedaan?

"Waarom heb jij jouw kennis en ervaringen nog steeds niet op papier gezet en zit het alleen maar in je hoofd?" vroeg mijn mentor mij op een dag. "Zo heeft niemand er iets aan!"

Ja, hij heeft gelijk! Een aantal jaren geleden heb ik een start gemaakt met het schrijven van een e-book. Er waren aardig wat onderwerpen om over te schrijven en ik vond het lastig om te bepalen waarover het zou gaan. Ook het gebrek aan tijd op dat moment heeft geresulteerd in het niet afmaken van het e-book. Ik bleef wel informatie verzamelen over de verschillende onderwerpen die ik belangrijk vond. Maar dit jaar was het anders. Ik kreeg van verschillende kanten de signalen om het toch weer op te pakken, een boek te schrijven en uit te gaan brengen. Dit keer wilde ik het niet negeren en nam ik de beslissing om het gewoon te doen. Gestimuleerd en geholpen door fantastische en inspirerende mensen om mij heen, ben ik aan de slag gegaan om alles wat ik al op papier had staan samen te brengen tot het boek dat je nu in handen hebt en leest.

The Unique Life Creator System™ is door de jaren heen uit ervaringen en kennis ontwikkeld en samengesteld. De ervaringen heb ik opgedaan door het coachen van mensen op basis van onder andere NLP (Neuro Linguïstisch Programmeren) en het geven van Ayurvedische behandelingen. Ik heb ervaren hoe dit mensen hielp die verstrikt zaten in de ratrace van het leven, om los te laten en de volgende stap te zetten. Voor sommigen betekende dat een nieuw pad inslaan. Ik heb zelf een lang en mooi leerpad doorlopen, waarbij ik mijn leven heb geleefd, gezocht heb naar de juiste route en veel heb geleerd van verschillende uitdagingen en omstandigheden.

In het leven leren en ontwikkelen wij onszelf door te proberen, door te doen, fouten te maken, te vallen en weer op te staan. Falen, zoals we dat vaak in negatieve zin noemen, is het mooiste onderdeel van het hele proces van leren en ontwikkelen. En weet je, je kunt falen ook zien als slechts een vertraging op de weg, op jouw levenspad.

De beste resultaten van het ontwikkelen van jezelf krijg je eigenlijk door de manier van leren, proberen en falen en het gaat hand in hand met vallen, loslaten, weer opstaan en verder gaan.

Dit hoort allemaal bij onze menselijk ontwikkeling.

Zoals ik al schreef, is mijn weg best lang geweest. Niet alles kwam mij zomaar aanwaaien. Ik was vaak zo druk met mijn dagelijkse drukke leven, dat ik oplossingen en soms aangeboden hulp niet zag. Maar misschien wilde ik het allemaal wel zelf kunnen doen. Niet altijd even slim, zou je kunnen zeggen en misschien heb je helemaal gelijk. Het was mijn pad en mijn leerproces en het zijn juist die strubbelingen die mij ertoe hebben aangezet om mijn hand naar jou uit te steken en met jou te delen wat mij tegenhield, wat ik leerde en wat ervoor zorgde dat ik verder ging.

Ik hoop dat je het boek met plezier leest en dat jij je zult realiseren en je vooral ook gaat ervaren hoe fantastisch jij bent. En vooral, hoe je mag genieten van jouw reis door het leven.

The Unique Life Creator System™ is ontwikkeld om mij in de gelegenheid te stellen om mensen zoals jij aan te sporen om ultieme vrijheid en een betere connectie te verkrijgen. En daarnaast jou te laten zien hoe jij jouw persoonlijke waarde kunt verhogen.

Door het systeem in drie delen op te breken, heb ik een uniek systeem gecreëerd dat jou zal helpen om direct actie te nemen om een gezonder, rijker en gelukkiger leven voor jezelf te creëren.

In het eerste onderdeel van 'Unique Life Creator' wordt uitgelegd hoe belangrijk Independence of onafhankelijkheid in ons leven is. Zoals Steve Jobs zegt "Your time is limited, so don't waste it by living someone else's dream"! Creëer jouw eigen leven!

In het tweede gedeelte laat ik je zien hoe je in het leven beter kunt verbinden met mensen. Als je goede en vertrouwde connecties hebt, of dat nu op persoonlijk of zakelijk vlak is, dan kan het jou zeker helpen om jouw droomleven te leven, anderen te helpen en gezondheid, rijkdom en geluk te realiseren.

Het derde deel van het systeem laat jou op verschillende manieren zien hoe jij jouw lifestyle kunt aanpassen, zodat jij beter in je vel zit, dus je eigenlijk een betere versie van jezelf creëert. Dit deel "Lifestyle" gaat helemaal over jouw persoonlijke manier van leven. Onze manier van leven, onze lifestyle, kan direct effect hebben op onze gezondheid en ons geluk. Als je hierbij stilstaat, dan rijst de vraag op welke manier wij balans kunnen vinden in bijvoorbeeld geest lichaam en ziel (mind, body and soul), in werk en inkomen en onze lifestyle.

Als jij je op dit moment vasthoudt aan alle situaties of mensen van wie je houdt en alle vooroordelen en sterke overtuigingen loslaat, dan ga ik ervan uit dat jij jouw optimale leven al leeft. Dit boek is dan niet voor jou bedoeld.

Maar als je de uitdaging aan durft te gaan om serieus naar deze drie gebieden in je leven te kijken, en je wilt in actie komen, dan heb je nu de juiste koers ingezet. Het is jouw reis naar gezondheid, rijkdom en geluk. Jij bent de producent en regisseur van de film die over jouw leven gaat. Het is jouw reis. De uiteindelijke bestemming van jouw reis wordt volledig door jou bepaald. Misschien schrikt het je af om jouw eigen leven te regisseren. Ik begrijp dat het best spannend kan zijn. Maar als dit te spannend voor je is, dan kun je twee dingen doen:

1. je gaat ervoor en durft uitdagingen aan te gaan

of

2. je wilt alles houden zoals het is en je blijft in jouw comfortzone, je blijft je vasthouden aan het vertrouwde, aan de gewoonte en het verleden.

Wat je ook kiest, het is altijd goed. Het gaat om jouw leven, jouw geluk. Het gaat erom dat jij er tevreden mee bent en een goed gevoel bij hebt. En, voor alle duidelijkheid, er is geen goed of fout!!

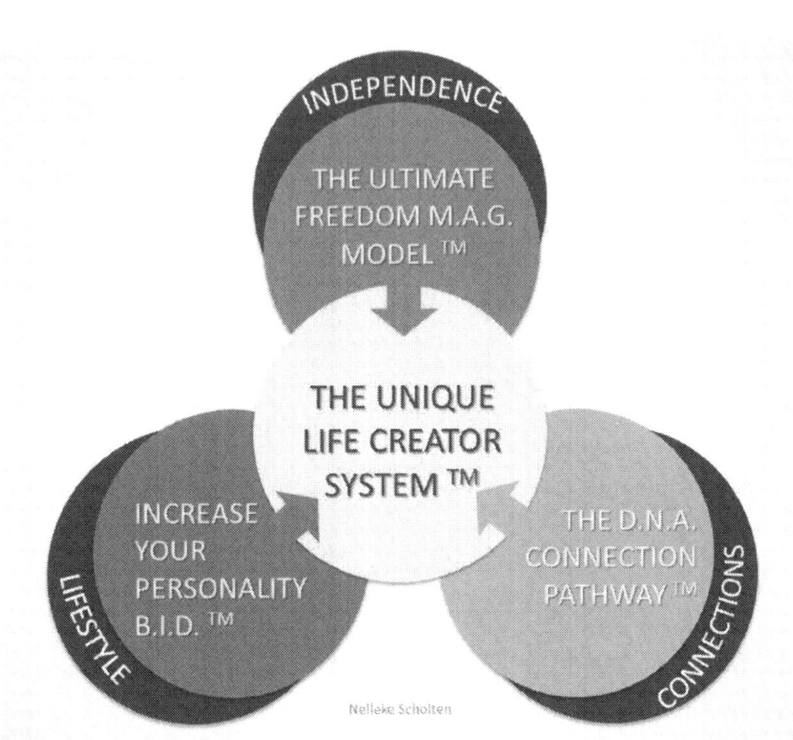
INDEPENDENCE
THE ULTIMATE FREEDOM M.A.G. MODEL ™
THE UNIQUE LIFE CREATOR SYSTEM ™
INCREASE YOUR PERSONALITY B.I.D. ™
LIFESTYLE
THE D.N.A. CONNECTION PATHWAY ™
CONNECTIONS
Nelleke Scholten

"

True independence and freedom can only exist in doing what's right.

"

Brigham Young

INDEPENDENCE

HOOFDSTUK 1
ONAFHANKELIJK-HEID

THE ULTIMATE FREEDOM M.A.G MODEL ™

MINDSET
ASPIRATION
GROWTH

Independence of onafhankelijkheid, is iets wat velen van ons graag willen. Een leuk voorbeeld is het hebben van een eigen huis. Bedenk eens wie het huis eigenlijk bezit? Is dat de bank, de hypotheekverstrekker of ben jij dat?

Veel mensen zitten in de ratrace omdat ze veel verplichtingen hebben op financieel, persoonlijk en mentaal gebied. Sommige mensen blijven jarenlang in dezelfde baan en geloven erin dat door hard werken en door het tonen van veel extra inzet zij mogelijk promotie kunnen maken en zich kunnen verbeteren binnen de organisatie. Daar is niets mis mee. Die mensen zijn afhankelijk van hun manager of directie die uiteindelijk hun pad bepaalt. Zij voelen zich veilig, maar de werkelijkheid is anders, eigenlijk zijn zij volledig afhankelijk van de beslissingen die door directie of management worden genomen. Zou je deze mensen vragen of ze zouden blijven werken in de baan die ze hebben als ze een grote geldprijs zouden winnen, dan is negen van de tien keer het antwoord 'nee'. Je kunt je dus afvragen of het hier echt om de baan gaat of omdat het gemakkelijk is om in de baan te blijven zitten.

Vervolgens zouden een aantal van deze harde werkers zeggen "Als ik genoeg geld had, dan zou ik doen wat ik altijd al had willen doen en dat is ergens heerlijk in een mooi en exotisch land wonen, 's ochtends geen wekker hoeven zetten en opstaan wanneer ik wil. Maar ja, ik heb dat nu eenmaal niet en zal het waarschijnlijk nooit krijgen, dus ja…".

De meeste mensen blijven uit gemak veilig in hun comfortzone zitten en realiseren zich niet dat ze hierdoor eigenlijk gevangen zitten in hun eigen ratrace, hun comfort zone, mindset en eigen overtuigingen. Ze weten dat ze liever anders zouden willen en niet echt gelukkig zijn, maar ze kunnen niet anders.

Zelf heb ik ook jarenlang in zo'n situatie gezeten, waarbij ik dacht "Ik heb mijn baan nodig, ik heb het geld nodig, ik vind mijn werk leuk, maar ik heb liever een ander leven. Maar ja ik weet nu dat ik mijn salaris elke maand op mijn bankrekening krijg overgemaakt. Ik spaar voor mijn pensioen en ik kan mijn rekeningen betalen". Gedwongen door omstandigheden had ik een keuze. Of ik accepteerde de situatie en leunde achterover en liet het leven maar op mij afkomen, óf ik stapte naar voren en pakte mijn verantwoordelijkheden. En dat laatste deed ik. Ik stond op uit mijn stoel en nam de verantwoordelijkheid voor mijn eigen leven.

Mijn vraag aan jou is nu, blijf jij liever in jouw comfortzone, in jouw stoel zitten, blijf je liever afhankelijk van anderen die over jouw vrijheid beslissen? Vind je het prima dat situaties of wellicht jouw overtuigingen de route in jouw leven bepalen omdat je het misschien een beetje eng vindt om echt onafhankelijk te zijn? Wees eens eerlijk tegen jezelf, hoe zit dat bij jou?

Of, sta je op en neem je de eerste stap naar jouw eigen vrijheid? Omarm je alle mogelijkheden die jou daar brengen waar jij in het leven wilt zijn? Kun jij jouw overtuigingen en comfortzone loslaten? Kun je de ketenen die jou tegenhouden om het hek naar jouw vrijheid te openen, losbreken? Het hek dat jij zelf steeds gesloten houdt?

Het kan zijn dat je je niet altijd bewust bent van wat er eigenlijk in jouw leven gebeurt en heb je geen idee wat het universum voor jou beschikbaar heeft en jou steeds wil aanreiken. Echter, één ding is wel duidelijk en dat is dat angst een van de meest belemmerende factoren is die ons tegenhoudt om de dingen te doen die we graag willen doen.

Angst voor het onbekende kan je tegenhouden om de volgende stap in je leven te zetten. Ook al ben je moe en moet je alle moeite doen om jezelf gemotiveerd te houden in je baan. En dan nog steeds zal angst met de gedachte "wat als" je tegenhouden en je vertellen dat je beter kunt blijven zitten waar je zit totdat er een goed moment voorbijkomt. Maar één ding is zeker, je kunt eindeloos wachten want dat moment zal nooit komen.

Hetzelfde geldt voor onafhankelijkheid binnen relaties of als je je laat beïnvloeden door wat anderen van jou vinden. Je bent dan eigenlijk een gevangene van de mening en gedachten van anderen in plaats van te laten zien wie jij bent en waar jij voor staat. Misschien zeg je nu, "let maar op, er komt een dag waarop ik sterk en onafhankelijk ben en mijn leven op mijn manier ga leven en ga zeggen en denken wat ik vind". Maar houden we onszelf hiermee niet een beetje voor de gek? We blijven steeds weer terugvallen in oude ingesleten patronen en overtuigingen en het wordt steeds lastiger om die patronen of overtuigingen om te zetten.

In de meeste gevallen houden we het liever bij wat ons bekend is, zelfs als we weten dat het niet goed voor ons is.

Want wat zal er gebeuren als ik mijn eigen beslissing ga nemen? Stel je voor dat ik mijn baan opzeg of van baan verander, hoe kan ik mij dan verzekeren van een inkomen voor tenminste de komende twee jaren? Wat zou er gebeuren als ik mijn partner vertel dat ik voortaan mijn eigen beslissingen neem en niet meer van hem of haar afhankelijk wil zijn? Zal dat schade aanbrengen aan de goede relatie die wij hebben? En als dat zo is, mijn hemel, wat moet ik dan doen? Hoe weet ik dat mensen mij nog wel leuk vinden of van mij houden als ik niet meer doe zoals zij dat graag zouden willen. Of dat ik de persoon niet meer ben die zij willen dat ik ben.

Dit is wat we zo vaak in heel veel situaties doen. We vragen ons in elke situatie steeds weer af; wat als dit, wat als dat. En ach, laat ik mij maar aanpassen en doen zoals die ander het graag ziet om zo gedoe te voorkomen. Maar heel eerlijk, het is belangrijk om je het volgende te realiseren, en de vraag die hier opkomt is:

NEEM jij de bus die jou naar jouw onafhankelijkheid brengt of blijf je bij de bushalte WACHTEN tot de bus voorbijrijdt?

Want als je bij de bushalte blijft wachten tot de bus voorbijkomt, dan zul je uiteindelijk NOOIT jouw vrijheid en onafhankelijkheid bereiken. Je zult jouw ambities NOOIT waarmaken, jezelf NOOIT ontwikkelen en NOOIT jouw comfortzone verlaten om nieuwe dingen op jouw reis door het leven te ervaren. Alles zal hetzelfde zijn en op een goed moment zul je ontevreden en ongelukkig van verveling zijn.

Maar als je zelf wel de eerste stap buiten jouw comfortzone zet, dan komen er nieuwe kansen op je pad. Jij bent en blijft de regisseur die bepaalt welke kansen je pakt. Het zal een ontdekkingsreis zijn met vele keuzemogelijkheden. Je bent dan een echte topper omdat je ervoor hebt gekozen om voor jouw onafhankelijkheid en vrijheid te kiezen.

Jezelf vrijmaken van angsten die jou belemmeren om onafhankelijk te zijn is een belangrijke voorwaarde. Op het moment dat je inzicht hebt in wat jou tegenhoudt, dan gaat er een wereld voor je open. Je ontdekt nieuwe wegen die jou naar jouw persoonlijke ontwikkeling en heel veel nieuwe mogelijkheden leiden. Het is prachtig om te weten dat ondanks de momenten waarop je denkt dat je niet kunt veranderen, je het wel kunt zodra je jezelf ertoe zet en jij jouw waarom en ambitie in het leven echt hebt ontdekt.

Als je gelukkig bent met het bedrijf of de baan die je hebt, jouw relatie en zo verder, verander dan niets en geniet van het leven zoals het nu is. Maar als je niet gelukkig bent, gestrest, ziek of je voelt je ongemakkelijk, dan adviseer ik je om verder te lezen. Wees eerlijk tegen jezelf. Je zult herkenning vinden, ideeën opdoen en de bewegwijzering vinden die jou helpt jouw koers te vinden.

“

Rule your mind or it will rule you.

”

Horace

HOOFDSTUK 1.1: MINDSET

De complexiteit van de menselijke geest is zeer fascinerend. Het is interessant om wat dieper in te gaan op de wijze waarop de wereld om ons heen onze gedachten in ons hoofd vormt, formuleert en tot actie aanzet. Onze geest verwerkt en slaat continu informatie op zonder dat jij je dit zelf beseft. Zo ook jouw beleving van wat goed of fout is en hoe volgens jou de wereld om je heen functioneert.

De meerderheid van de mensen is zo ontwikkeld dat ze van anderen afhankelijk zijn om tot acties, emoties en gedachten te worden aangezet. Evenals bij social media, volgen we automatisch de mensen met de meeste aantrekkingskracht, in dit geval met het hoogst aantal volgers. Maar ook volgen de meesten van ons de trend door anderen te kopiëren. Zie het als bij een kudde schapen. We kennen allemaal de uitspraak "Als er één schaap over de dam is, volgen er meer." En we neigen ernaar om de meest populaire beweging op social media te volgen.

Deze natuurlijke eigenschap, die we allemaal in meer of mindere mate bezitten, kan een reden zijn waarom onafhankelijkheid of vrij zijn voor sommigen van ons een angstige gedachte is. Stel je hebt een vrije geest, dan zal de manier waarop je beslissingen neemt toch een beetje strategisch moeten zijn om niet terug te vallen in afhankelijkheid.

Stel jezelf twee vragen:

- Wie ben ik?
- Wat is het leefmilieu of de leefomgeving waarin ik leef?

Bedenk bijvoorbeeld wie de beslissingen in dat milieu neemt. Als jij een beslissing neemt, is deze dan beïnvloed door jouw omgeving, door de mensen met wie je samenleeft of door mensen die jou vaak beïnvloeden?

Dit is hoe onze gedachten worden gevormd, en onze gedachten bepalen meestal de beslissingen die we nemen. En de beslissingen die wij nemen laten meestal zien wie wij zijn.

De mindset gaat over jou en hoe jij echt bent. Om onafhankelijk te kunnen zijn, zul je eerst enige tijd aan jezelf moeten werken om jezelf goed te leren kennen en je goed bewust te worden hoe jij werkelijk in elkaar zit. Hoe je denkt, hoe je de wereld om je heen ziet, waar jouw emoties zitten, hoe het daarmee staat, verberg je ze of laat je ze zien? Maar ook is het belangrijk om te leren ontdekken wat echt belangrijk voor je is en waarom je reageert zoals je reageert. Kortom er is heel veel over jezelf te ontdekken en te leren.

Een onafhankelijke mindset krijg je door jezelf eerst goed te bestuderen.

Bijvoorbeeld, voordat Mohammed Ali de boksring betrad, zorgde hij er altijd voor dat hij de zwakke en sterke kanten van zijn tegenstander goed had bestudeerd, zodat hij de wedstrijd kon winnen. Het is juist daarom dat je een duidelijk beeld van jezelf hebt, over wie jij wilt zijn en waarom je diegene wilt zijn.

Tip:

Een leuke kleine oefening om te doen als je het hebt over mindset is herkaderen. Wat je zegt of denkt in een bepaalde situatie kun je herkaderen, bijvoorbeeld van een negatieve naar een positieve mindset:

Ik kan dit niet
Ik heb geen tijd

Of je kunt zeggen

Ik prioriteer de dingen die ik wil of moet doen. Ik blok een bepaalde tijd voor elke klus in mijn agenda. Ik kan mij daardoor goed focussen en krijg af wat ik wil doen. Ik kan het absoluut!

VRIJHEID

Vrijheid heeft een eigen betekenis. Wat is het verschil tussen onafhankelijkheid en vrijheid?

Vrijheid is primair de mogelijkheid hebben om te denken en te handelen zoals jij dat wilt.

Onafhankelijkheid is meer het niet onderworpen zijn aan bijvoorbeeld de autoriteiten, het gezag of een extern persoon.

Afhankelijkheid is meestal een essentieel onderdeel van vrijheid en dus kun je stellen dat onafhankelijkheid naar vrijheid leidt.

EMOTIONEEL PAD

Bij velen van ons gaat succes hand in hand met zelfredzaamheid. Hoe vaak is ons niet gezegd dat je, als je voor jezelf werkt, door hard werken alles kunt bereiken. Maar je wordt meestal niet vanzelf zelfstandig en onafhankelijk, er is altijd een emotionele geschiedenis aan verbonden.

We hebben het al eerder in dit boek beschreven, vanaf onze geboorte hebben we iets met elkaar gemeen. Het is het vermogen om afhankelijk te zijn. Het is een feit dat we als pasgeborenen hulpbehoevend zijn, omdat onze fysieke vorm nog steeds in ontwikkeling is. We overleven dit alleen maar doordat onze ouders of verzorgers onze basisbehoeften vervullen, of gewoon gezegd dat ze ons verzorgen. In werkelijkheid betekent dit voor ons als volwassenen dat wij eraan moeten werken om te accepteren dat wij andere mensen nodig hebben.

Als je dit gegeven ontkent en je geforceerd onafhankelijk wilt zijn, dan kan dat emotionele consequenties met zich meebrengen. Door extreem zelfvoorzienend te zijn, kun je het tegenovergestelde bereiken. Het kan je juist de andere richting in sturen, weg van de mogelijkheden om ideeën te delen, inspiratie te krijgen en goede sterke relaties op te bouwen. Eigenlijk alle interacties die de ontwikkeling kunnen bevorderen.

PSYCHOLOGIE

Psychologie gaat over het begrijpen van mensen, hun ervaringen en gedrag. Psychologie kan ons helpen bij het onderzoeken naar wat mensen doen en waarom ze doen wat ze doen. Het ontstaan van onafhankelijkheid is in dit opzicht een ontwikkelproces dat zich vooral voordoet in de baby- en kindertijd en bij jongvolwassenen. Het idee is dat het individu zich gedurende elke levensfase steeds meer in onafhankelijk gedrag vormt. Al snel wordt het kind zich bewust wie hij of zij is en wat de relatie met de ouders is.

Autonomie of onafhankelijkheid is een natuurlijke ontwikkeling voor een kind en jongvolwassene om op een goede manier van de ouders los te komen. Vaak wordt autonomie in positieve zin gebruikt en geassocieerd met een positief gevoel dat ontstaat als je zelf je eigen gedrag kunt bepalen. Dat geeft die persoon het gevoel van vrijheid. Door onderzoek heeft men ontdekt dat de behoefte aan autonomie voor een mens bepalend is om een gevoel van het zelf en de algehele psychische en fysieke gezondheid te ontwikkelen.

Maar niet iedereen wordt met dit gedachtengoed opgevoed, zodat ze worden gestimuleerd en geleid naar een gezonde onafhankelijkheid. Dat komt omdat sommige ouders zo gefocust zijn op hun eigen behoeften of hun normen waardoor zij middelen zoals schaamte, zonde, schuld, het geven en afpakken van liefde en erkenning gebruiken om het gedrag van hun kinderen te beïnvloeden, wat weer kan resulteren in verstoord gedrag.

In sommige gevallen kunnen ouders bijvoorbeeld tot het uiterste psychologische invloed uitoefenen op een kind. Hierdoor kan de onafhankelijkheid van een kind worden onderdrukt waardoor het kind emotioneel en in het gedrag afhankelijk van de ouders blijft. Dit kan zeer verstikkend werken. Deze vorm van onaangepaste afhankelijkheid kan zelfs leiden tot verlatingsangst en depressie.

Echter er zijn ook ouders die zoveel psychische druk op hun kinderen uitoefenen, met de nadruk op onafhankelijkheid, waardoor dit ook kan leiden tot problemen. Bijvoorbeeld ouders die zeer hoge verwachtingen van hun kinderen hebben, verwachten dat deze kinderen goed presteren, onafhankelijk zijn en hen als ouders tevredenstellen door aan alle eisen te voldoen en ze te voorzien van heel veel liefde en aandacht. Gevolg kan zijn dat deze kinderen zo'n prestatiedrang hebben, dat zij altijd beter dan anderen moeten zijn en daardoor relaties keer op keer mislukken.

Kan onafhankelijkheid afhankelijkheid voeden?

In sommige situaties zeker. Onafhankelijkheid helpt ons te leren ontdekken en te ontwikkelen; maar de wereld kan soms een enge en meedogenloze plek zijn. Het is daarom van groot belang dat er ook andere mensen in ons leven zijn, die er voor ons zijn en waar we bescherming, comfort en steun bij vinden. Juist deze afhankelijkheid geeft ons de mogelijkheid om onafhankelijk te zijn. John Bowlby, een Britse psychiater, heeft veel geschreven over het belang van het in ons leven gehecht zijn aan andere mensen. Wij voelen ons meer autonoom als we mensen in onze directe omgeving hebben die voor ons zorgen en die ons in geval van nood het gevoel van bescherming en veiligheid geven. Dat geeft ons een gevoel van welzijn en het bevordert de hechting aan andere mensen.

In onze jeugd vervullen onze ouders of verzorgers normaal gesproken de rol van een aan ons verbonden persoon die onze onafhankelijkheid aanmoedigt of bevordert. Wanneer we zelf volwassen zijn, dan is het veelal een partner die deze rol op zich neemt. Uit verschillende onderzoeken is gebleken dat als de partner in de relatie de autonomie van de andere partner in de relatie ondersteunt, dit niet alleen helpt bij het ontwikkelen en bereiken van de doelen van die partner, maar het verbetert ook de relatie tussen de twee.

De zin uit een van de gedichten van John Donne is 'No man is an Island', niemand is een eiland, wijst erop dat wij op het gebied van kracht, motivatie, volharding, de zekerheid dat we onze doelen en onafhankelijkheid nastreven, allemaal afhankelijk van elkaar zijn. En dus als we onze vakanties vieren en onze bevrijding op 5 mei herdenken, laten we dan de mensen die voor onze vrijheid hebben gevochten en ook alle mensen die nu voor onze vrijheid staan, in onze gedachten herdenken en bedanken. Zij gaven toen onze vrijheid terug en zonder hen was het allemaal anders geweest.

ATTITUDE

Als je een probleem hebt dat betrekking heeft op je werk of in jouw relatie, geef je dan op en accepteer je de situatie zoals die is? Of probeer je het probleem aan te gaan in de overtuiging dat zelfs als het lastig is, het toch mogelijk is dat je het kunt oplossen?

OVERTUIGING

Er zijn studenten en volwassenen die vinden dat ze naast de vast aangeleerde en van nature meegekregen vaardigheden niets anders kunnen, en dus vinden dat zij alleen in dat vakgebied goed kunnen functioneren. Zij vermijden meestal de uitdagingen die ze in dat gebied tegenkomen of raken interesse kwijt als het moeilijk wordt. Omgekeerd kan het zo zijn dat als ze eenmaal begrijpen dat zij daarbuiten toch mogelijkheden hebben tot verdere ontwikkeling, zij sneller geneigd zijn om een andere manier van leren aan te nemen. Dit kan bijvoorbeeld door praktijkervaringen op te doen.

Deze overtuigingen zelf kun je manipuleren en er zijn duidelijke acties die wij allemaal kunnen nemen om onze mindset aan te passen en succes voor onze kinderen, leeftijdgenoten, collega's en onszelf mogelijk te maken.

Volgens de NLP (Neuro Linguïstisch Programmeren) spelen overtuigingen een belangrijke rol in ons leven. Overtuigingen over ons leven, mensen en situaties kunnen zo sterk in ons systeem verankerd zijn, dat ze ons leven zelfs kunnen beheersen.

Overtuigingen zijn niet goed of fout. Maar onze overtuigingen over bepaalde onderwerpen kunnen zo sterk zijn, dat wij met anderen, die een ander wereldbeeld hebben, in discussie raken.

Kun jij je een situatie voor de geest halen waarbij jij er zo sterk van overtuigd was dat iemand jou emotioneel wilde kwetsen? En uiteindelijk besefte jij dat het niet de bedoeling van die ander was? Die andere persoon wilde jou alleen maar helpen. Hoe zit het met jouw overtuigingen?

Eén ding staat vast, niets is De waarheid! Ieder van ons heeft een eigen waarheid en geen daarvan is goed of fout!
Als je nu eens in de wereld van die ander zou kunnen stappen en jouw eigen overtuigingen, alsof dat de enige waarheid is, zou kunnen loslaten? Hoe mooi zou dat zijn?

Als je open minded bent, geïnteresseerd in de ander en begint met te geloven dat de ander positieve intenties heeft, dan kun je elkaar gaan begrijpen en leren inzien wat de ander werkelijk bedoelde. Als jij jouw overtuigingen kunt loslaten, je openstelt en ontspant, dan zul je zien dat je veel terugkrijgt. Het begint uiteindelijk bij jezelf.

EMPOWERMENT

De definitie van empowerment zou je kunnen omschrijven als een beweging die individuen aanzet om meer controle over hun eigen welbevinden en handelingen te krijgen. Bijvoorbeeld door het vormen van partnerschap met professionals of door het zoeken naar een goede manier van het vertegenwoordigen van rechten en behoeften.

Als contrast is onafhankelijkheid, het niet door anderen laten beïnvloeden en het niet afhankelijk zijn van of het steunen op anderen voor hulp en ondersteuning.

Empowerment zouden wij moeten bevorderen, maar vaak verwisselen mensen de betekenis ervan met onafhankelijkheid, wat dus betekent het "alleen" doen. Om hulp vragen en hulp krijgen vinden we vaak lastig. Maar het leren om hulp te vragen maakt je nog niet tot een mislukkeling. Sterker nog, voor mij betekent empowered zijn en onafhankelijkheid hebben: je gedachten beheersen en op de juiste manier onder controle hebben. Dit betekent feitelijk dat in plaats van dat jij jezelf uitput door het allemaal alleen te willen doen, je support vraagt, dit zelf aanstuurt en bepaalt op welk gebied jij de support wilt hebben.

HOOFDSTUK 1.2: ASPIRATIE

Misschien presteert jouw kind niet als beste, bijvoorbeeld op school, maar dat betekent nog niet dat het geen grote dingen kan bereiken.

Als we denken aan aspiratie, dan zijn er zeven belangrijke dingen die een significante rol spelen.

- Zelfbewustzijn
- Kansen zien
- Zelfverzekerdheid
- Eigenwaarde
- Toewijding om leiding over eigen leven te nemen
- Waarden
- Doelen

ZINGEVING

Vind jouw zin in het leven....

Het is voor ons als mensen vrij normaal dat wij ons op verschillende momenten in het leven wat verloren voelen. Dit gebeurt vaker dan wij denken. Het zijn de momenten waarop wij ons bezinnen en nadenken of onze waarden en acties ons al dan niet naar onze bestemming brengen. Dus waar wij naartoe willen. Eén van de mooiste momenten is dat jouw familie ervaart wat je uiteindelijk hebt gecreëerd en gerealiseerd. En dat je ontdekt waarvoor je welke inspanning, jouw aangeboren talent, competenties en visie hebt ingezet. De meesten van ons zullen dat zomaar op een onverwacht moment herkennen. Anderen hebben dit misschien gewoon zorgvuldig in actie gezet.

Als je bewust wilt uitzoeken waar jouw passie ligt, volg dan de volgende drie stappen:

1. Durf eens op één been te gaan staan: Stap zo vaak als je maar wilt uit jouw comfortzone.
2. Volg je hart: Stop nu met het denken in je hoofd en luister eens naar het stemmetje van je hart.
3. Zoek niet dat ene: Stop direct met het actief zoeken naar dat ene ding waarmee je alles denkt op te lossen.

MISSIE

Elke reis begint met een eindbestemming: echter een missie gebruik je om de koers tijdens jouw reis aan te geven. Als je tijdens jouw leven een persoonlijke missie hebt dan is dat een mooi referentiepunt om je naar jouw zin van het leven te leiden.

Jouw missie in het leven zorgt ervoor dat je doelbewust leeft en het zou de volgende kenmerken moeten hebben:

1. Het zou de belangrijkste waarden en doelen in je leven moeten benadrukken of markeren.

2. Het zou de ideële bijdrage aan de mensheid centraal moeten stellen.

3. Houd het kort en simpel.

BESTEMMING

Aan de andere kant, zoals de naam impliceert, zou jouw bestemming een opsomming van jouw successen moeten zijn en de impact die het in de toekomst heeft. Laten we de vergelijking met de auto nemen. Hoe effectief zou het zijn om in de stad rond te rijden en te hopen dat we zonder specifieke bestemming "ergens" terechtkomen. Voor de chauffeur is "ergens" overal!

Deze manier van leven zou je hoe dan ook moeten vermijden. Mensen die zo hun leven leven, noemen we mensen "Zonder Toekomstige Ambitie (ZTA)". Om dit te vermijden stel jezelf dan de vraag, en wees heel eerlijk, wat je wilt bereiken of wilt worden in het leven. Als je deze vraag los van je huidige omstandigheden eerlijk beantwoordt, dan heb jij jouw bestemming duidelijk.

PASSIE

Hoe herken jij jouw passie?

Het kan een van de meest lastige opdrachten in het leven zijn om jouw passie te ontdekken. Maar ook kan het je enorm veel voldoening geven. Kijkend naar wat het dus met je kan doen, is het heel belangrijk om precies te weten hoe je jouw passie identificeert.

1. Maak een overzicht van de dingen die je lastig vindt of waar je een hekel aan hebt om te doen.

2. Realiseer je dat jouw passie en jouw baan twee verschillende dingen zijn.
3. Stel jezelf de volgende simpele vraag: "Waar kan ik de komende 5 jaren continu aan werken en blijven studeren zonder dat ik ervoor betaald krijg?".
4. Visualiseer jezelf over 20 jaar. Wat zou je jezelf graag willen zien doen voor de rest van je leven?

DOELEN

SMART doelen

Je zou kunnen zeggen dat zo'n beetje de hele mensheid zich richt op het stellen van doelen. Doelen zijn een onderdeel geworden in alle aspecten van het leven: Hoe jij jouw relaties onderhoudt, wat je op je werk wilt bereiken en de wijze waarop jij jouw vrije tijd wilt doorbrengen. Het komt allemaal neer op het stellen van prioriteiten en wat je in welke vorm dan ook zou willen bereiken – of je nu een bewuste keuze maakt of van onbewuste voorkeuren uitgaat.

Als je geen doelen stelt, dan wordt je leven eigenlijk een verzameling van ongecontroleerde gebeurtenissen. Het wordt dan een leven vol met toevalligheden. Prestaties zijn het resultaat van een doel dat je op een bepaald moment hebt gesteld. Een visie die is neergezet en gerealiseerd.

Wat is het stellen van SMART doelen?

Het stellen van SMART-doelen geeft structuur en traceerbaarheid van jouw doelen. In plaats van vage besluiten, zorgt het stellen van SMART-doelen voor het creëren van meetbare trajecten, gericht op een bepaald doel met duidelijke mijlpalen. En daarnaast een inschatting van de haalbaarheid van deze doelen. Elk deel, van tussenstap tot en met het overkoepelende doel, kan SMART worden gemaakt en op die manier kom je dichter bij het realiseren ervan.

In de zakenwereld wordt voor het stellen en realiseren van doelen veel aandacht geschonken aan het toepassen van de SMART-methode. Deze methode is zeer effectief maar wordt desondanks weinig gebruikt. Als je de kaders voor jouw project hebt gezet, bepaal jij de tussenstappen die je wilt nemen en jou naar het uiteindelijke doel zal leiden. Met de SMART-checklist kun je de doelstellingen evalueren. Doelen stellen volgens de SMART-methode geeft openheid en transparantie.

Waar staat het stellen van SMART doelen voor?

Specifiek – Wat precies wil je bereiken in het leven? Beschrijf jouw **doel** zo specifiek en duidelijk mogelijk.

<u>Het verschil tussen een doel en een SMART doel</u>.

Doel – 'Ik wil miljonair worden'

SMART Doel - 'Met het creëren van een training wil ik binnen 5 jaar € 1.000.000 realiseren.

Meetbaar – Je zou de mate van jouw succes, het halen van jouw (tussen)doelen moeten kunnen meten. Meetbare doelen stellen houdt in dat je exact weet wat je wilt zien, horen en voelen als jij jouw doelen realiseert. Het betekent dat jij jouw doel in kleine stukjes, kleine deeltjes hakt. Je hebt een concreet bewijs nodig.

Acceptabel – Zorg ervoor dat je haalbare doelen stelt.

Realistisch – Is het bereiken van jouw doel voor jou realistisch? Waarom wil je dit doel bereiken?

Tijdgebonden – Het is iedereen bekend dat deadlines mensen in beweging zet. Zet daarom deadlines voor jezelf en ga ze gewoon halen! Zorg er wel voor dat je een realistische tijdsperiode neemt met enige flexibiliteit. Op deze manier houd je de spirit erin.

COMMITMENT

Hoe geef je 100% commitment aan wat je doet?
Veel mensen redden het niet om waarde aan het leven te geven, terwijl ze zo hard hun best doen. Misschien klinkt dit wat negatief, maar het is belangrijk om te beseffen wat de voorwaarden zijn die ervoor zorgen dat je 100% commitment geeft in wat je doet.

Focus op één ding tegelijk.

Veel vrouwen hebben de overtuiging dat ze kunnen multitasken. Mannen daarentegen zouden dat niet kunnen, zo wordt gezegd. Laat mij je uit die droom helpen. Misschien hebben we het gevoel dat we meer dingen tegelijk kunnen doen, maar aan geen van die dingen kun je volledige aandacht, commitment geven. Je doet van alles een beetje en dat is waar we het hier over hebben. Als je meerdere doelen tegelijk hebt, dan kun jij je niet voor 100% aan al die doelen tegelijk committeren. Dit betekent dat jouw eindresultaat niet of niet voldoende is zoals jij dat zou willen zien. In eerste instantie lijkt het misschien super om aan verschillende doelen tegelijk te werken, maar je zou het niet eens moeten willen overwegen. In plaats daarvan kijk bijvoorbeeld eens naar Rafael Nadal met tennis en onze Kiki Bertens, die in 2018 in de top 10 van beste tennissers in de wereldranglijst staat vermeld. Maar ook Max Verstappen als coureur op wereldniveau. En uiteraard zijn er vele andere voorbeelden. Wat is de gemeenschappelijke deler van deze mensen? Zij leggen de focus maar op één ding.

En als je dat doet, dan wordt jouw doel zelfs leuk om aan te werken en de voortgang en resultaten stap voor stap te zien. Dat motiveert je om dingen voor elkaar te krijgen en jouw doel te bereiken. Toen ik dit boek schreef had ik één doel. Mijn focus lag volledig op het realiseren van dit boek in twee talen. Eerst geschreven in de ene taal, daarna verder schrijven in de volgende taal. Ik heb mijn agenda geblokkeerd en een duidelijke planning voor mijzelf gemaakt met alle tussenstappen die nodig waren. Het was super om na het behalen van een deadline een vinkje te kunnen zetten en de volgende stap te zetten.

Misschien denk je nu, "nou ja, zo nieuw is dat niet, ik werk altijd al zo". Als dat zo is dan weet je dus precies waar ik het over heb en heb je vast en zeker jouw doel of doelen in jouw leven bereikt. Maar we kennen ook allemaal de voornemens die we hebben om het op deze manier te doen en om toch op een of ander moment weer terug te vallen in het oude patroon. Het is daarom raadzaam om nu echt op één ding tegelijk te gaan focussen. Ik ben ervan overtuigd dat de resultaten dan eerder komen dan je misschien verwacht.

Kun jij je op één doel focussen?

Op het moment dat jij kunt loslaten dat jij meerdere dingen tegelijk voor jezelf wilt of moet doen, je focust jezelf op één ding en werkt daar elke dag consequent aan, dan zul je zien dat het minder stressvol voelt en veel fijner werkt. Je gaat genieten van het behalen van jouw resultaten.

Verban uitstelgedrag

Een dief van jouw kostbare tijd is, geloof het of niet, uitstelgedrag. Het probeert jou ervan te overtuigen dat jij jouw taken moet uitstellen. Zorg ervoor dat je dit gevoel van uitstellen direct de kop indrukt door de eerste 10 minuten van een klus of taak die je niet zo leuk vindt om te doen, actief aan te pakken.

Laat als je aan een taak werkt het gevoel van onderbreken, even wegleggen om het later weer op te pakken, niet toe! We kennen allemaal de uitspraak wel 'Van uitstel komt afstel.' Een winnaar gaat zonder onderbreken door. Een winnaar heeft een duidelijke focus!

We hebben het hier niet alleen over zakelijk gerelateerde situaties, dit geldt voor alle situaties in het leven.

BESLISSINGEN

Soms kan het nemen van beslissingen lastig zijn. Beslissingen die jij hebt genomen laten zien hoe jij de dingen ziet en beleeft. Ben je objectief genoeg om het probleem op te lossen? Ja? Maak een overzichtje van mogelijke oorzaken van het probleem en schakel je emoties en ego even uit. Ondernemers zijn van nature probleemoplossers. Om moeilijke, complexe problemen op te lossen is het heel belangrijk dat je de juiste beslissing op het juiste moment neemt.

Hoe verbeter jij jouw vaardigheden voor het nemen van beslissingen?

1. Stel niet uit

Door elke taak op jouw todo-lijst af te vinken, krijg je het gevoel dat je tijdens de duur van het proces dingen hebt bereikt. Als het werk belangrijker wordt en je zakelijk lastige beslissingen moet nemen, stel deze dan niet uit omdat het lastig of complex is.

Blok elke dag een vast tijdsblok in jouw agenda, zodat je consequent aan de voor- en nadelen, risico's en realistisch resultaat kunt werken.

2. Onderzoek

Stel dat jouw business onvoldoende omzet oplevert, zodat jouw doelstelling niet kan worden gehaald. Wat zou de oorzaak daarvan kunnen zijn?

- Ligt het aan het in de markt positioneren van jouw bedrijf?
- Klopt jouw prijsstelling?
- Kennen jouw potentiële klanten jouw merk?
- Wat kan jou helpen om deze vragen te beantwoorden?

3. Vraag een expert

Gelukkig zijn veel ondernemers goed benaderbaar en vinden het leuk om elkaar te helpen. Als je hulp van een expert op een bepaald gebied wilt hebben, zoek dan eerst naar invloedrijke mensen in dat specifieke gebied waarvoor je hulp zoekt. Meestal kun je een e-mailadres op hun (bedrijfs)website vinden. Stuur die expert vervolgens een kort berichtje waarin je om zijn of haar hulp vraagt. Geef kort de feiten, jouw ideeën en opties die je overweegt aan. In veel gevallen krijg je antwoord en heb je een waardevolle toegevoegde waarde aan informatie ontvangen.

Pas bewezen en succesvolle formules en programma's toe in plaats van zelf het wiel uit te willen vinden.

4. Analyseer jouw informatie

Zoek betrouwbare informatie en je zult zien dat jouw beslissingsvaardigheden absoluut jouw verwachtingen zullen overtreffen. Het blijft echter jouw verantwoordelijkheid om de juiste informatie te zoeken. Door alleen te vertrouwen op de mening van anderen of op de blauwe ogen van een vriend of zelfs een familielid, kun je aardig je vingers branden.

5. Begrijp de impact van jouw beslissingen

Denk goed na over welke consequenties jouw beslissingen in het slechtste geval hebben. Als je een beslissing neemt en je kent de risico's, dan kun je deze op een ontspannen manier nemen.

Het kan gebeuren dat je een verkeerde beslissing neemt, wordt dan niet boos op jezelf, maar reflecteer in plaats daarvan op wat er niet goed ging en schrijf dat vervolgens op. Zo zorg je ervoor dat je dezelfde fout niet opnieuw maakt.

HOOFSTUK 1.3: ONTWIKKELING

Wij kennen twee soorten denkwijzen of anders gezegd mindsets. De op ontwikkeling gerichte (growth) mindset en de statische of vaste (fixed) mindset. Het is onze mindset die ervoor zorgt dat we succesvol zijn en niet zoals we vaak denken, door ons talent, onze vaardigheden of intelligentie.

Bij mindset gaat het over de overtuigingen die je over jezelf en jouw basiskwaliteiten hebt. We hebben het over een statische ofwel fixed mindset als mensen geloven dat hun kenmerken en karaktereigenschappen een gegeven zijn. Zij geloven er niet in dat hun talenten of hun kennis kan verbeteren.

Het alternatief is de op ontwikkeling gerichte (growth) mindset. Mensen die deze mindset hebben, geloven erin dat zij hun kwaliteiten en vaardigheden door middel van werk en inspanning kunnen ontwikkelen. Misschien zijn zij wel tevreden met hun intelligentie, maar ze zullen het er niet bij laten zitten, zij zullen zich altijd blijven ontwikkelen en hun vaardigheden verbeteren.

Onze mindset heeft niet alleen invloed op onze educatie en ons werkende leven, maar heeft ook invloed op onze relaties en zelfs op ons morele karakter en persoonlijkheid. In liefdesrelaties geloven mensen met een fixed mindset dat ze door hun partner op een voetstuk worden gezet en 24/7 geliefd zijn. De mensen met een growth mindset erkennen dat hun partner en relaties fouten maken en dat het soms tijd en moeite kost om zich te verbeteren.

Of je nu een fixed of een growth mindset hebt, geen van beiden is goed of slecht!

GEDIJEN

Het is op zich een kunst, om zo te gedijen dat je ongeacht waarin, succes zult behalen. Succes is niet alleen een bestemming; het is ook de reis ernaartoe. Iedereen die heeft besloten om deze reis te ondernemen of al op weg is, heeft zijn of haar koffer gepakt met een grote hoeveelheid spullen die zij voor hun reis nodig hebben. Laten we in figuurlijke zin eens kijken welke kleding zij hebben gepakt.

Het jasje van geduld: Ik heb geduld hier aangeduid met een jasje omdat het jou de bescherming geeft tegen rillingen, angst en teleurstellingen. Op het pad naar succes zul je veel te maken krijgen met het nemen van beslissingen. Je zult bezorgd zijn of jouw beslissing de vruchten zal afwerpen die je verwacht en soms geduldig moeten afwachten op het resultaat.

De hoed van creativiteit: In het algemeen zou je kunnen zeggen dat je hoofd het centrum van creativiteit is. Om jouw doel of doelen te bereiken zul je extra creatief moeten zijn. Je kunt niet koppig vasthouden aan een bepaald pad, ook al weet je dat het niet werkt. Je hebt vernieuwing nodig.

De kous van discipline: Er is geen reiziger die op reis gaat zonder enige vorm van discipline. Er is discipline nodig om jou te helpen om de focus vast te houden totdat jij jouw bestemming hebt bereikt.

NIET MEER TE STOPPEN

Hoe word je 'niet te stoppen'?

Hoe kom je daar? Het begint op mentaal gebied. Als jij jezelf niet kunt visualiseren als iemand die niet te stoppen is, dan ben je net als ieder ander die niet verder komt en blijft waar hij of zij nu is.

Als je het vermogen bezit om mentale negativiteit te verdrijven, dan ben je al niet meer te stoppen. Een directielid die een mislukte pitch heeft uitgevoerd, heeft niet gefaald omdat de andere directieleden het idee hebben afgewezen, maar omdat hij of zij niet in zijn of haar eigen idee geloofde. In relaties gebeurt het regelmatig dat partners die het niet lukt om een conflict in goede banen te leiden, vaak het conflict ingaan met een gevoel dat zij er met hun partner toch niet uit komen en het niet kunnen bijleggen.

Weet dat NO Next Opportunity betekent

Wees je ervan bewust van dat NO **N**ext **O**pportunity betekent. 'Niet te stoppen' betekent niet dat je geen nieuwe uitdagingen op jouw reis tegenkomt. Barack Obama bijvoorbeeld, kwam veel uitdagingen op zijn pad tegen; Hilary Clinton als Staatssecretaris kwam veel uitdagingen op haar pad tegen. En vele andere succesvolle mensen in binnen- en buitenland. Het unieke aan al deze mensen is dat zij geen NEE accepteren Voor hen betekende of betekent nog steeds het woord NO Next Opportunity en zij zullen het weer opnieuw met vernieuwde strategieën proberen.

TIJD

"Never leave 'til tomorrow which you can do today"
Benjamin Franklin

Hoe ontwikkel je timemanagement-vaardigheden?

In ons leven speelt timemanagement inmiddels een grote rol. Vrijwel iedereen maakt gebruik van hulpmiddelen om zijn of haar tijd te beheren. Wij realiseren ons steeds meer dat als je succes wilt hebben, bijvoorbeeld in je business, jij jouw tijd efficiënt moet indelen en managen.

Voordat je leert hoe jij jouw tijd kunt managen, is het belangrijk om te beseffen dat het alleen werkt als je het consequent toepast en integreert in jouw dagelijks leven.

Het meest belangrijke en effectieve onderdeel van timemanagement is 'timechunking'. Het in kleine delen opdelen van de tijd, dus het maken van tijdsblokken. Je gebruikt dit als je speciale werkzaamheden over een bepaalde tijdsperiode wilt uitvoeren. Een voorbeeld: je kunt beslissen om jouw hele zaterdag te besteden aan het bouwen en onderhouden van jouw relatie. Bijvoorbeeld door met jouw partner te gaan sporten, samen met de hond(en) te gaan wandelen, om met andere mensen in contact te komen. Zo kun jij maandag tot en met donderdag volledig aan jouw carrière besteden. Timechunking helpt mensen die hun dag vaak volpakken met allerlei klusjes en bezigheden en weinig tijd aan die activiteiten kunnen besteden.

Ken je dat gevoel, dat je te veel werk hebt liggen en het eigenlijk niet binnen de tijd kunt afmaken? Het levert veelal stress op, vooral als dit een regelmatig terugkerende situatie is. Heb jij na zo'n dag het gevoel dat je niet veel verder bent gekomen en dat het lijkt alsof er steeds meer werk bij komt terwijl dat niet zo is? Of had je het wel af kunnen hebben als jij jouw dag en dus jouw tijd efficiënt had ingedeeld? Herkenbaar?

Hier zijn een paar manieren die jou kunnen helpen om jouw timemanagement-vaardigheden te verbeteren en je productiviteit te verhogen.

- Leer om meer werk te delegeren aan mensen in jouw team, die hun expertise in een specifiek gebied hebben, waardoor er meer wordt gerealiseerd.

- Begin met het prioriteren van jouw werkzaamheden, zodat jij je beter kunt focussen op de belangrijkste werkzaamheden.

- Maak een eenvoudige todo-lijst aan het begin van je (werk)dag, geef prioriteiten aan werkzaamheden en focus je op de hoofdzaken. Om jou hierbij te helpen, kun je het volgende doen. Maak drie to do lijsten: één voor werk, één voor thuis en één voor jouw persoonlijke leven.

- Daag jezelf uit door realistische maar wel strakke deadlines te zetten en beloon jezelf als je die deadline hebt gehaald. Belonen werkt en is heel leuk om te doen! Meestal belonen we anderen maar vergeten wij onszelf.

- Vermijd uitstelgedrag koste wat het kost! Uitstellen is een van de dingen die een zeer negatieve invloed op je productiviteit hebben. Het kan resulteren in het verlies van cruciale tijd en energie. Dit kan tot problemen leiden in jouw carrière en ook in jouw persoonlijke leven.

- Vermijd stress!

- Sta lekker vroeg op en begin je dag met de fantastische Jiva meditatie die je op pagina 127 vindt. Het is een korte en zeer effectieve meditatie.

- Als je de meditatie toepast, dan begin je de dag ontspannen, je bent creatiever en helder. Gedurende de dag zal jouw energie gaan afnemen en zo ook jouw productiviteit. Je presteert dan niet meer zoals je zou willen. Als je dat voelt aankomen, dan is dat het juiste moment om wat stretchoefeningen te doen.

- Neem regelmatig een korte pauze.

- Leer nee te zeggen en NO – Next Opportunity

OMGEVING

De invloed die het milieu of omgeving op onze menselijke ontwikkeling heeft, is veelal afhankelijk van sociale en economische factoren. De thuisomgeving, de gemeenschap, leefomgeving en onderwijs beïnvloeden allemaal het gedrag van mensen; hoe wij met elkaar omgaan en hoe wij informatie verwerken. Onderzoek heeft uitgewezen dat het goed zorgen voor jouw omgeving jou helpt bij een gezonde groei en ontwikkeling.

PERSOONLIJKE ONTWIKKELING EN TRAINING

Training

Wij kunnen allemaal blijven doorleren, zelfs totdat wij onze ogen definitief sluiten. Wie dat niet doet, zal stilstaan in zijn of haar ontwikkeling. "Waarom zou ik blijven ontwikkelen, ik vind het prima zoals het nu is" zou je kunnen zeggen. "Ik heb die behoefte niet, anderen misschien wel, maar ik niet." Dat is natuurlijk ieders keuze, maar de reden om je te blijven ontwikkelen is eigenlijk simpel. Als jij je blijft ontwikkelen, dan zul je op een goed moment een of meerdere doelen die je nastreeft volledig bereiken, en je zult ook op dat niveau blijven. Hoe zouden we nog kunnen groeien? Het hoeft niet altijd via de traditionele opleidingen te zijn.

Je kunt jezelf ontwikkelen door bijvoorbeeld het lezen van boeken, het volgen van audio en video's en online trainingen, zodat je het beste uit jezelf kunt halen. Er zijn talloze manieren om dat te doen.

MENTOR

Het vinden van een mentor

Een mentor is iemand die zelf in zijn of haar leven veel uitdagingen heeft gekend en hobbels heeft genomen en het doel of de doelen die jij nog wilt realiseren zelf al heeft gerealiseerd. Door het hebben van een mentor, kun je gemakkelijker achterhalen wat er op bepaalde momenten gedaan moet worden. De mentor leert je ook waar je op moet letten om te voorkomen dat je uitglijdt dan wel terugvalt in oude patronen. Zorg ervoor dat je bij het kiezen van een mentor elke vorm van sentimenteel of emotioneel gevoel uitsluit, zodat je iemand kiest die eerlijk is en die jou niet spaart om je verder te helpen in jouw ontwikkeling.

SEMINAR

Bijwonen van seminars:

Seminars zijn plekken waar je meestal andere professionals vindt die jou op jouw pad of in jouw verdere carrière verder willen helpen. Dit soort seminars bieden een platform om te netwerken en waar je kan bouwen aan partnership met (zaken)mensen, wat zelfs kan resulteren in succesvol zakendoen op grote schaal.

Een juist gekozen seminar, dat een aanvulling voor jouw professie of business is, kan je veel opleveren. Het kan je een energieboost geven of je inspireren om een volgende stap te zetten. Het kan je ook in verbinding brengen met de juiste mensen die jou mee kunnen nemen naar het niveau waar je wilt zijn.

Tip:

Wees duidelijk in wat je wilt. Zoek het seminar dat daarbij past. Je ziet vaak dat mensen zich voor allerlei seminars opgeven met het idee om te netwerken of zij willen op alle gebieden kennis op doen. Maar dat heeft niet altijd, of eigenlijk helemaal geen, zin. Het vergt veel kostbare tijd, veel geld en ze doen van veel onderwerpen slechts een beetje kennis op. En als deze seminars niets opleveren, is frustratie het gevolg. Neem nu de moeite om op te schrijven welk seminar voor jou van toepassing zou zijn en wat het jou zou kunnen opleveren. Als je dat hebt gedaan, dan kun je veel gerichter het juiste seminar gaan zoeken. Het seminar dat voor jou meerwaarde biedt en waar je echt iets aan hebt.

Seminars worden ook veel via e-mail aangeboden. Er komt soms dagelijks veel informatie binnen en soms is de ene aanbieding nog interessanter dan de andere. Maar ja, ook hier geldt hetzelfde principe. Je kunt je overal op inschrijven of informatie aanvragen, maar wat doe je ermee? Is het nuttige informatie voor jou? Wij realiseren ons ook niet altijd hoeveel tijd wij kwijt zijn met het lezen van al die informatie. Zelfs al gaat het alleen om de e-mail zelf. Vaak worden we getriggerd door de aanbieding of de bijlagen. Het belangrijkste is dat je ook hier een goede selectie maakt en per dag of per week een vast moment in je agenda reserveert om deze e-mails en informatie rustig te bekijken. Ik realiseer mij hierbij ook dat er aanbiedingen voorbijkomen waar je binnen zoveel uren voor interessante prijzen op kunt inschrijven. Het is aan jou hoe je hiermee omgaat.

De belangrijkste dingen die jou tegenhouden om onafhankelijk en vrij te zijn, zijn uitstellen, twijfel, angst en afleiding. Als je eraan werkt om jouw doelen op lange termijn te halen, dan ontmoet je ongetwijfeld tegenstanders die jouw ontwikkeling willen belemmeren en tegenhouden. Het is bewezen dat korte-termijndoelen zeer effectief zijn. Doordat je steeds kleine stappen neemt en mijlpalen haalt, bereik je deze stap voor stap en daarmee uiteindelijk jouw einddoel.

CONNECTION

HOOFDSTUK 2
CONNECTIE

THE DNA CONNECTION PATHWAY™

DIVERSITY
NETWORKING
ADDITION

Een van de menselijke behoeften is CONNECTIE of wel verbinding. In het leven zijn wij allemaal op zoek naar iets of iemand. Het hoeft niet per se een ander mens te zijn waar wij de verbinding mee zoeken. Het kan ook om een waarde, identiteit en zelfs een gewoonte gaan. Connectie ofwel verbinding kunnen wij op verschillende manieren maken, door liefde en positieve interactie, maar het kan ook door negatieve interactie zoals agressie, haat en geweld.

Verbinding kun je maken op een persoonlijke manier, via business, politiek of media. Wees altijd voorbereid om te communiceren. Als jij hulp van iemand verwacht dan is het normaal dat je zelf ook iets terugdoet of hulp aanbiedt als de ander daarmee geholpen is. De kracht van de verbinding is bijvoorbeeld het netwerken met andere mensen. De kracht is ook dat het deuren naar nieuwe mogelijkheden voor je opent en het jou ook introduceert bij mensen die je anders niet zou hebben ontmoet, mensen die jou verder kunnen helpen op weg naar jouw bestemming.

Wat maakt dat connectie of verbinding toch een vrij complex onderwerp is? Er bestaat een directe link tussen verbinding en connectie en bijvoorbeeld delen, respect, eerlijkheid, seksualiteit, vertrouwen, loyaliteit, bij iemand horen, samenwerken, herkenning, geaccepteerd worden door anderen, deel uitmaken van…, transparantie en ook geven zonder er iets voor terug te ontvangen.

Hoe de omgeving jouw leven beïnvloedt

In een bepaalde tak van de filosofie voerde men de discussie die zoekt naar het antwoord op de vraag: Wat is de definitie van een mens? Sommige filosofische scholen geloven dat de mens geboren is met voorgeprogrammeerde motieven die alles in zijn of haar leven bepalen. Een ander argument dat Aristoteles voor de eerste keer voerde, is dat de mens een Tabula Rasa is wanneer hij wordt geboren. Dit betekent dat een baby als een schone lei wordt geboren en dat die schone lei daarna pas wordt beschreven met ervaringen en activiteiten die in zijn of haar leven gebeuren.

De wereld om jou heen is de totale opsomming van ontelbare invloeden die zich continu vormen, van karakter eigenschappen tot de acties die je neemt en het beeld dat jou als mens beschrijft. Als mensen de impact van de manier waarop ze door hun omgeving worden gevormd begrijpen, dan zouden zij meer moeite nemen om zich in een andere wereld te begeven, een wereld waarin zij succesvol kunnen zijn. Met deze kennis kunnen bestaande of aanstaande ouders al een bewuste start maken met het creëren van een juiste omgeving voor hun kind of kinderen, waardoor deze kinderen een juist wereldbeeld krijgen.

HOE ZIE JIJ DE WERELD OM JOU HEEN?

In dit hoofdstuk zullen wij ons richten op het pad van de connectie via diversiteit, netwerken en toegevoegde waarde

“

As the world becomes a more digital place, we cannot forget about the human connection.

”

Adam Neumann

HOOFDSTUK 2.1: DIVERSITEIT

"The richness of a painting comes from the diversity of its colours. Diversity is strength."
- AMYN DAHYA

Als je naar het grote geheel kijkt, dan zie je dat je in de meeste gevallen het product van jouw eigen leefomgeving bent. Hiermee bedoel ik dat kinderen die in een ander land zijn geboren en vanwege de baan of banen van hun ouders veel zijn verhuisd, wat toleranter lijken te zijn, dan kinderen die zijn geboren en zijn opgegroeid in een vaste omgeving en daar bijvoorbeeld de rest van hun leven blijven wonen. Als voorbeeld, een Amerikaan is geboren in Palestina en heeft in landen als Jordanië, Syrië en Qatar gewoond voordat hij naar Minnesota verhuisde om zich daar te vestigen. Hij zal de mensen in het Midden-Oosten beter kunnen begrijpen en zal niet zomaar uitlatingen doen over de mensen die uit deze omgeving komen. Ook zal deze persoon conflicten die in die gebieden spelen, beter kunnen begrijpen en betere oplossingen kunnen voorstellen.

Daar staat tegenover dat iemand die met de Amerikaanse nationaliteit is geboren anders over de mensen en conflicten in die gebieden kan denken. Dat zal zich dan ook uiten in de relatie tussen beiden.

Een ander voorbeeld is een kind met de Amerikaanse nationaliteit, dat geboren is in China Town Manhattan. In dit voorbeeld krijgt het kind de mogelijkheid om de unieke kanten van de Aziatische cultuur van binnenuit te leren kennen door bijvoorbeeld het eten, de taal, specifieke gewoonten en etiquette. Het kind heeft dan ook speelmaatjes uit deze cultuur. Spelenderwijs leert het kind de gewoonten kennen en zal meer verdraagzaamheid kunnen tonen dan een kind die dat niet heeft ervaren. Terwijl het eerste kind andere culturen meer kan waarderen, kan het andere kind daar minder gevoel bij hebben.

ERFGOED

Er zijn meer dan honderdduizend religies over de hele wereld. De religieuze omgeving waarin jij bent geboren, is van grote invloed bij het vormen van jouw persoonlijke religieuze voorkeuren tijdens jouw ontwikkeling. Maar ook het beeld dat jij over andere religies hebt. Als je vandaag de dag een eenvoudige peiling zou houden, waarbij je onderzoekt hoeveel mensen nog in de eigen religie zijn gebleven, dan zal 70% van de ondervraagden bevestigen dat zij in de religie zijn gebleven die zij bij de geboorte hebben meegekregen. In enkele gevallen beslist iemand om over te stappen naar een ander geloof vanwege persoonlijke overtuiging, maar de grootste groep blijft hetzelfde geloof aanhangen dat zij bij de geboorte hebben meegekregen. Als jij bijvoorbeeld in een Joodse familie bent geboren, dan is de kans groot dat jij het Joodse geloof aanhoudt tot het einde van jouw leven. Hetzelfde geldt voor andere religies. Bijna iedereen neigt ertoe hun principes te baseren op de religieuze omgeving waarin ze zijn opgegroeid.

Dus als je bijvoorbeeld geboren bent met een Moslim achtergrond, dan is de kans groot dat je respect hebt voor de pijlers van de Islam, zoals het geloof in één God, dagelijkse gebeden aan Allah, het toepassen van liefdadigheid, vasten gedurende de Ramadan en eens in je leven de pelgrimstocht naar Mekka maken. Hetzelfde geldt als je geboren bent met een Christelijke achtergrond. Je toont jouw geloof en vertrouwen in Jezus Christus en liefde voor anderen die niet hetzelfde geloof aanhangen. Een kind daarentegen dat wordt geboren in een Atheïstische familie, kan opgroeien met het idee dat er geen God bestaat en ervan overtuigd zijn dat het universum niet is gecreëerd door iets of iemand.

Naast religies erven wij automatisch onze culturele waarden en identiteit, ook al zien en beleven wij dat niet altijd zo bewust.

HISTORIE

De meeste volwassenen tonen gedurende hun leven bepaalde karaktereigenschappen, ze vinden het lastig om ze te doorbreken. Sommigen worden alcoholist en vinden het moeilijk om daaruit te komen, terwijl anderen niet kunnen stoppen met roken. Dit zijn negatieve invloeden die sommige mensen uit het milieu van een of beide ouders hebben meegekregen. In sommige gevallen is de opa misschien alcoholist geweest, die het vervolgens weer heeft doorgegeven aan de vader, die in de voetsporen van zijn vader trad zonder verdere hulp te zoeken om het patroon te doorbreken. In dit geval is er een grote kans dat het kind dat in dit milieu leeft, ook deze negatieve gewoonte overneemt.

Onderzoek heeft uitgewezen dat de meeste mensen die zich schuldig maken aan huiselijk geweld, dit zelf regelmatig binnen het gezin hebben gezien of zelf hebben ondervonden.

Er zijn ook positieve invloeden die op kinderen worden overgebracht.

Maar er zijn ook positieve invloeden die door de ouders of andere mensen in de omgeving op kinderen worden overgebracht. Een tante bijvoorbeeld die dol is op lezen, kan deze liefde voor boeken overbrengen op haar nichtje. En ook ouders die veel aandacht hebben voor details, hebben deze positieve eigenschap hoogstwaarschijnlijk meegekregen van hun ouders die zelf veel aandacht schonken aan verschillende aspecten van het leven.

Er zijn talloze manieren waarop families invloed kunnen

uitoefenen op de ontwikkeling van een kind. Het is daarom van vitaal belang om bewuste en positieve beslissingen te nemen die ervoor zorgen dat individuen goed kunnen functioneren in deze maatschappij.

AFKOMST (CULTUUR, RELIGIE, FAMILIE - GEWOONTEN)

De meeste mensen associëren cultuur met een of meerdere landen of etnische groeperingen. De term 'familie' betekent voor de meesten van ons een groep mensen die doen wat ze altijd doen.

Cultuur wordt gedefinieerd door de specifieke manier van denken, voelen, oordelen en handelen. Er zijn directe en subtiele manieren hoe kinderen na hun geboorte in de familiecultuur worden gevormd. Als ze opgroeien zie je hoe ze zijn gevormd. Je ziet dat aan de aannames die zij doen, uitgangspunten die zij hebben zoals wat goed en fout is, waar en niet waar, het geloof en de waarde en tradities van de familiecultuur. In de cyclus van het leven ervaren veel families de veranderingen die elke periode met zich meebrengt, van huwelijk, geboorte, scheidingen en de dood. Dit zal onvermijdelijk de familiecultuur aanzienlijk veranderen.

Zowel interne als ook externe situaties zullen deze culturen blijvend vormen en beïnvloeden.

WERELDBEELD

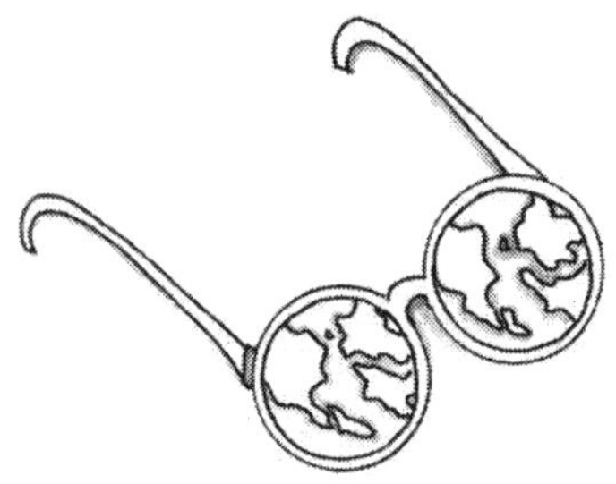

Hoe zien wij de wereld om ons heen? Welk beeld hebben we van de wereld in al haar verscheidenheid? Het wereldbeeld van de meeste individuen wordt bepaald of is gevormd door zijn of haar cultuur en opvoeding. Dit kan zich uiten in verschillendede vormen: systematisch, kosmologisch, filosofisch, ethisch, religieuze rituelen, wetenschappelijk geloof en zo verder. Maar in bijna alle handelingen in een indirecte vorm.

Het wereldbeeld op zichzelf is iemands mentale kader van cognitief begrip over de realiteit en zin van het leven.

Zo, kun je het verschil zien tussen het wereldbeeld van jouzelf en dat van de ander? "Vanzelfsprekend weet ik dat" zeg je misschien. Maar ben jij je er ook van bewust? Op het moment dat jij oog hebt voor het wereldbeeld van de ander, op dat moment zal jouw communicatie ook gaan veranderen. Je weet nu waarom de ander de dingen anders ziet dan jij ze ziet. Het mooie hieraan is, dat wij hierdoor meer begrip voor elkaar krijgen. Kijkend naar ieders wereldbeeld heeft niemand en iedereen gelijk.

"

Success is not final, failure is not fatal: it is the courage to continue that counts.

"

Winston Churchill

HOOFDSTUK 2.2: NETWERK

Als we het over netwerken hebben, dan zien we dat mensen die gemakkelijk contacten leggen met anderen, meestal zeer succesvol zijn. Hoe zit dat?

Vaak is het zo dat de 'kwantiteit' en de 'kwaliteit' van jouw relatienetwerk, voorspelt hoe innovatief je zult zijn. Dit heeft te maken met de wijze waarop jouw ideeën worden ontvangen en vertaald door anderen.

Bijvoorbeeld: als je in een netwerk zit met verschillende organisaties of specialismen, dan komen daar vaak betere resultaten uit dan wanneer je netwerk is opgebouwd uit soortgelijke organisaties en specialismen. Het is daarom goed om een gevarieerd netwerk te hebben waardoor je gestimuleerd wordt in de juiste richting, op weg naar gezondheid, rijkdom en geluk!

RELATIE

Het woord relatie associëren we vaak met de relatie tussen twee partners. Dat is deels waar het in dit hoofdstuk over gaat. In dit hoofdstuk van connectie en netwerk gaat het over relaties in bredere zin.

Op welke manier bijvoorbeeld zijn relaties belangrijk in The D.N.A. Connection Pathway? Als we naar verschillende relaties tussen mensen kijken zoals familie, partnerschap (in verschillende vormen) en vrienden, dan weten we dat deze een zeer belangrijke rol in ons leven spelen en bepalend zijn voor ons geluksgevoel. Een goede relatie is niet gebaseerd op wat de partner doet, het begint in de eerste plaats bij jezelf. Wanneer je op een bepaalde manier verbonden bent met iemand, bijvoorbeeld met familie of vrienden, dan is er allereerst wederzijds respect en interesse in elkaar nodig. Maar ook de bereidheid om te geven en die ander beter te leren kennen is van essentieel belang, om zo een goede relatie op te kunnen bouwen.

Vaak denken mensen, en misschien hebben wij het allemaal wel een beetje geleerd, dat relaties met familie, partners en vrienden iets is dat vanzelf groeit of dat wij bij toeval aan elkaar verbonden zijn. Maar dat is toch echt een misvatting.

Aan elke relatie moeten wij van twee kanten werken en het goed onderhouden. En heel eerlijk, als je in een goede verbinding met elkaar bent, gebaseerd op liefde en zorg voor elkaar, dan hoeft dat niet altijd veel moeite te kosten.

Maar ja, we zijn tenslotte allemaal mensen met onze eigen verschillen in hoe we met emoties en situaties in het leven omgaan. We zien vaker wat de ander in onze ogen fout doet en geloven dat wat wij zelf doen het juiste is. Als je nu naar jezelf kijkt, jezelf in die relatie plaatst, welke rol neem jij dan in die relatie in? Welke gezamenlijke overeenkomsten zijn er?

FAMILIE

In dit onderwerp kijken we wat dieper naar de invloed die familie op ons leven heeft: ons socialiseren begint als eerste bij onze familie of verzorgenden. De waarneming van een kind wordt door het gezin of de familie gevormd. Als je het hebt over de waarden van het gezin of de familie waar het kind in opgroeit, dan zal het kind automatisch het gedrag van de ouders kopiëren en daarna het gedrag zelf aannemen.

Dat geldt ook in negatieve zin voor overheersing en macht door het gezin. Maar ook kunnen andere zaken zoals afspraken binnen het gezin of de familie en de aard van de huisregels invloed hebben op de gezinsleden en ze belemmeren om het leven te leven dat zij zouden willen. Ook verschillen in cultuur, zoals in veel oosterse landen waar het familieleven zeer belangrijk is. De familiebanden zijn sterk en de oudere generatie zorgt meestal voor de kleinkinderen. Er is veelal meer respect voor oudere generaties dan wij in het westen voor onze ouderen hebben.

Een ander belangrijk punt is normen en waarden: normen en waarden in de familie zijn uiteindelijk bepalend voor de saamhorigheid en mate van met elkaar verbonden zijn.

INTIMITEIT

Intimiteit heeft zeer veel invloed op onze overtuigingen en eigenwaarde. Hoe jij door jouw partner wordt gewaardeerd is absoluut van belang voor de liefdesband die tussen jullie bestaat. Ook al is dit onderwerp belangrijk, het is ook een gevoelig onderwerp om over te praten omdat het ook op de verkeerde manier kan worden gebruikt. In veel opzichten bestaat de neiging om de twee begrippen door elkaar te halen en intimiteit in een verkeerd daglicht te stellen. Tegenwoordig krijgt het onderwerp heel veel aandacht in de media.

Geweld en het verstoren van iemands privacy kan een enorm negatief effect hebben op de geest en overtuigingen van die persoon, maar ook op zijn of haar handelen. Ook al willen we de intimiteit die we met iemand hebben in zuivere vorm houden en bewaken. Wij mogen nooit iemand claimen en zullen dus de ander, zijn of haar persoonlijke ruimte moeten geven. Een van de vormen van geweld is seksueel geweld. Meestal denken we dat dit door externen gebeurt, maar het komt ook bij getrouwde stellen voor. En zelfs meer dan wij zouden denken. Omdat het binnen het huwelijk of de relatie en dus achter gesloten deuren plaatsvindt, weten we niet in hoeveel relaties dit gebeurt, maar er zijn bij hulpinstanties zeer schrijnende gevallen bekend. Bij seksueel geweld worden alle grenzen van respect, acceptatie en afspraken overschreden. Deze waarden zijn van groot belang voor intimiteit. Als die waarden er niet zijn en we hebben het over seksueel misbruik, dan kan dat voor de persoon in kwestie, die het ondergaat, problemen opleveren op fysiek en mentaal gebied.

In de wereld van vandaag waarin de passie voor social media steeds meer de overhand neemt, zien wij steeds meer dat privacy en intimiteit minder belangrijk zijn. Maar is dat in werkelijkheid ook zo? Ik denk dat het generatiegebonden is en dat wij met elkaar steeds meer afraken van onze normen en waarden als het gaat om deze onderwerpen. Je ziet steeds meer dat social media relaties kapot maakt. Als social media niet gebruikt wordt waar het voor bedoeld was en is (mag ik hopen) dan kan dat relaties en de mate van respect voor elkaar schaden.

Hoe zit het met jouw communicatie naar jouw partner? Vertel je hem of haar hoe jij je voelt? Vraag jij wel eens aan jouw partner hoe hij of zij zich voelt? Praat je daar samen over of vind je het niet belangrijk om over te praten? Hoe zit het met jullie kinderen? Praat jij met ze over hun gevoelens? Bescherm jij jouw kind of kinderen tegen de invloeden van social media? Hoe houd jij in de gaten of mensen via internet bewust of onbewust de privacy van jouw kind of kinderen misbruiken en daarna hun jonge leven schaden? Wij willen er het liefst maar niet te veel over nadenken, laat staan dat we erover willen praten, maar zeker is dat in veel gezinnen dit onderwerp actueel is. Noem het de nieuwetijdsbedreigingen.

Wij leven in een wereld waarin kinderen opgroeien met alle digitale middelen die nu beschikbaar zijn. Deze wereld is voor hen de normale wereld waarin zij opgroeien. De tijd verandert nu eenmaal en wij mogen onze kinderen niet met angsten opzadelen. Het is wel van belang om jezelf, maar zeker ook de kinderen, bewust te maken van risico's en de gevolgen die het met zich meebrengt, ook al zijn deze nu (nog) niet zichtbaar. Een gebrek aan intimiteit in haar positieve vorm, kan veel stress en schade op lange termijn geven. Niet alleen voor het kind, maar voor het hele gezin, met alle gevolgen van dien.

Ik heb bepaalde aspecten en gevaren van negatieve intimiteit belicht en het is goed om ook naar de andere kant te kijken. Als intimiteit op de juiste manier wordt toegepast of aanwezig is, dan kan dat mensen op een prachtige manier verbinden met elkaar, waarbij iedere betrokkene gelukkig is. De verbondenheid met klanten, customer intimacy, staat tegenwoordig hoog op de agenda bij veel organisaties. Dit komt omdat CEO's zich meer en meer realiseren dat customer intimacy het geheim is achter merkloyaliteit. En natuurlijk levert merkloyaliteit winst op voor de organisatie. Ook al heeft het woord intimiteit een seksuele lading, het heeft z'n intrede al gedaan in het bedrijfsleven en bij organisaties. Wij zullen daar steeds meer van gaan horen. En uitspraken als "ik heb vaak een intiem gesprek met vrienden" of "dit restaurant heeft een intieme sfeer" zijn inmiddels heel gewoon. En natuurlijk, als wij toch een beetje meer inzoomen op het aspect van mensenrechten, dan wordt direct het belang van intimiteit duidelijk. Het klinkt misschien wat vreemd, maar in de meeste landen is het recht op privacy en bescherming van persoonlijke waardigheid onderdeel van de fundamentele rechten van de mens. Ik denk dat daarom stalking en verkrachting in de meeste landen een misdrijf wordt genoemd.

GEZIN STICHTEN

Het stichten van een gezin is een prachtig onderwerp om over te praten. Voor veel mensen is dit een hele bijzondere periode in hun leven. Het is de periode waarin zij hun leven opbouwen en zich gaan vestigen. Vanuit Ayurvedisch perspectief gebeurt dit in de periode van het leven waarin het element vuur dominant is. Het is ook goed om je voor het stichten van een gezin te realiseren wat het voor jou, jouw partner en jullie relatie betekent. Tegenwoordig stichten sommige mensen een gezin zonder zich te realiseren wat de consequenties kunnen zijn en komen er na een aantal jaren achter dat het misschien toch niet zo'n goed idee was. Dat het veel stress met zich meebrengt, druk legt op de relatie en veel meer geld kost dan ze hadden gedacht. Maar dan kun je het tij niet meer keren en kan het uiteindelijk resulteren in het uit elkaar gaan. Wat dan overblijft is een gebroken gezin met veel verdriet.

SINGLE

Vandaag de dag zijn er veel mensen single of vrijgezel. Vooral in de westerse wereld zie je een duidelijke toename, maar ik geloof dat het inmiddels een wereldwijde trend is. Wat is er gebeurd met de verbinding tussen mensen op liefdesgebied? Wie zijn deze singles of vrijgezellen en wat maakt dat ze alleen zijn?

Ik kan mij voorstellen dat jij je nu afvraagt wat er mis mee is. Wij hoeven toch niet per se een partner te hebben of getrouwd te zijn om gelukkig te zijn?

Nee, natuurlijk is er niets verkeerds aan als een single gelukkig is in de situatie waarin hij of zij zit. Maar ik heb de laatste jaren veel singles ontmoet die voor de rest van hun leven zeker geen single willen blijven. Het blijkt dat het in veel gevallen erg moeilijk is om de juiste partner voor het leven te vinden. Helemaal als je de 30 bent gepasseerd. Tegenwoordig rijzen de datingsites de pan uit en dat biedt soms mogelijkheden om een partner voor het leven te vinden. Omdat we erg druk zijn en steeds minder tijd voor een sociaal leven lijken te hebben, kunnen deze sites een uitkomst bieden. Het zoeken naar een geschikte partner kan erg frustrerend zijn, maar als je in contact kunt komen met iemand en er is een juiste match, dan kan het toch resulteren in een gelukkige relatie voor het leven.

Als je kunt werken en voor jezelf kunt zorgen, dan kan het vinden van de liefde van je leven een prachtige aanvulling voor je zijn. Maar ben je financieel afhankelijk van een partner, iemand die voor jou en jouw kinderen zorgt en je hebt een dak boven je hoofd nodig, dan kan de intentie van de zoektocht naar een partner anders zijn.

Misschien vraag jij je nu af wat dit met jou heeft te maken. Misschien niets, je hoeft er niets mee te doen.

Het kan ook zo zijn dat jij als single graag samen met iemand jouw leven wilt delen en daardoor meer voldoening uit het leven haalt. Als je dan geen partner kunt vinden en je ziet andere mensen om je heen in gelukkige relaties een gezin opbouwen, dan kunnen emoties, zoals teleurstelling, frustratie, misschien verdriet of angst in jouw systeem worden omgezet in stress, wat (veel) later tot meer fysieke narigheid kan leiden. Is die situatie van toepassing op jou, dan is het belangrijk om voor jezelf te bepalen wat je precies in het leven wilt.

Neem even een moment voor jezelf. Bedenk wat jij zou willen en welke acties jij hiervoor gaat nemen. Schrijf dit zo specifiek mogelijk op. Op deze manier maak jij op een efficiënte manier jouw onderbewuste duidelijk wat jouw focus is.

Tip:

Ga op een rustige plek zitten en bedenk welke acties jijzelf kunt nemen:

- Maak een overzichtje of lijstje met jouw waarden.
- Denk na over en bepaal jouw zin in het leven.
- Schrijf op welke verwachtingen jij van het leven hebt.
- Ga eens na hoe jij aan jouw verwachting in het leven kunt voldoen. Wees duidelijk en zo gedetailleerd mogelijk.
- Beschrijf de partner die jij zoekt zo specifiek mogelijk.
- Wat doet het met je als je bedenkt dat jij jouw ideale partner vindt? Welke angsten voel jij opkomen? Benoem je angsten zo duidelijk mogelijk, bijvoorbeeld angst om je te binden, angst om iemand van wie jij houdt weer te verliezen en mogelijk andere angsten die te maken hebben met dit onderwerp.
- Welk type relatie zoek je?
- Wees eerlijk tegen jezelf!

Het kan soms lastig zijn om dit alleen te doen. Om je hierbij te helpen kun je natuurlijk de hulp van een goede vriend of vriendin inroepen of iemand die jou goed kent en die jij vertrouwt. Maak er een leuk moment van!! Deze oefening kun je natuurlijk regelmatig, eens per half jaar of jaarlijks, herhalen om te zien waar je staat. Dat is aan jou.

HUWELIJK EN SAMENWONEN

Als je besluit om te gaan samenwonen, dan is dit het moment om jouw liefde te bezegelen en contractueel vast te leggen in een huwelijksacte of samenlevingscontract. Er zit een klein verschil in de twee varianten, maar het idee is hetzelfde en na het officiële moment ga je als officiële partners door het leven. Dit zijn altijd bijzondere momenten en meestal speciaal voor alle betrokkenen. De wederzijdse familie en vrienden zijn blij voor jou en je partner. Iedereen heeft de keuze om een eigen pad te volgen. In het leven zijn al veel paden geplaveid, maar uiteindelijk ben jij degene die jouw eigen pad en bestemming kiest.

In veel gevallen pakt het huwelijk of samenwonen goed uit en is het voor het leven. Voor veel mensen is het huwelijk of samenwonen met alle ups en downs de bevestiging van de liefde voor elkaar en de zegen die ze al dan niet vanuit hun religie mogen ontvangen.

Wat is het geheim van het slagen van het huwelijk of samenwonen? Misschien is het communicatie of het respect voor elkaar. Misschien houdt het geloof de partners bij elkaar of is het gemakkelijk voor henzelf en de kinderen om bij elkaar te blijven, terwijl de relatie rammelt. Ontkenning kan de mensen ook bij elkaar houden om de pijn, moeilijkheden en het gedoe van uit elkaar gaan te vermijden en te accepteren zoals het is. Als het huwelijk of samenwonen jouw leven verrijkt en je voelt je tevreden dan kun je verzekerd zijn van een fijn en gelukkig leven.

Dus als je je aan elkaar verbindt, ga er dan voor! Blijf voortdurend aan je relatie werken, ga de uitdagingen die op jullie pad komen samen met vertrouwen aan en vier samen alle mooie momenten!

SCHEIDING – RELATIE VERBREKEN

Veel van ons beginnen een relatie met iemand en bevestigen dat door middel van het huwelijk. Als wij getrouwd zijn of officieel samenwonen, dan zullen de meesten voor altijd samenblijven. Anderen ervaren minder prettige tijden.

Als we gaan trouwen, samenwonen en een gezin stichten, dan willen we niet denken aan scheiden of uit elkaar gaan. Doen we elkaar niet de belofte "Tot de dood ons scheidt"?

Maar wat betekent het voor jouw relatie als je in het leven te maken krijgt met teleurstellingen, je groeit uit elkaar omdat de ene partner zich verder ontwikkelt en de andere partner niet meegroeit waardoor beide partners elkaar niet meer begrijpen of als de fysieke aantrekkingskracht weg is, en dat het belangrijkste in de relatie was, en jij jouw droom niet kunt leven? Maar ook als er teveel en onoverkomelijke verschillen zijn over de opvoeding van de kinderen, de druk van familie of andere relaties, geldkwesties en financiële problemen, het verlies van een kind of gezinslid of ernstige ziekten, om zo maar een paar voorbeelden te noemen die alles in jouw leven op z'n kop kunnen zetten. Maar zijn dit redenen om de relatie te laten eindigen in een scheiding?

Wat zorgt er dan voor dat uit elkaar gaan, een scheiding onvermijdelijk is? Zouden we iets kunnen veranderen of terugdraaien? Staan wij onszelf toe om over onszelf te leren, over onze communicatie met anderen, onze overtuigingen, waarden enzovoort? Zijn wij bereid om voor onze liefde en relatie te vechten of geven wij liever op?

Er valt op internet veel te lezen over dit onderwerp, maar elke situatie is anders en heel persoonlijk, ook al lijken ze soms op elkaar.

Het is niet mijn intentie om over dit onderwerp te schrijven met een oordeel van goed of slecht. Maar ik zal de consequenties die deze acties met zich meebrengen iets meer in detail bespreken. Het gaat over de impact die een scheiding heeft en de relatie die het heeft met jouw gezondheid. En hoe zit het met de kinderen die erbij betrokken zijn? Misschien zie jij het anders en denk je dat de kinderen het prima aankunnen. Zij lijken oké en ze krijgen er nieuwe ouders bij, als vader of moeder een nieuwe partner krijgt. Hoe vaak worden kinderen van gescheiden ouders niet afgekocht met mooie cadeaus en dubbele vakanties? Denk je niet dat we een grote verantwoordelijkheid naar onze kinderen hebben en alles in het werk moeten stellen om de relatie toch te laten slagen? Het is belangrijk dat we vragen blijven stellen. Kinderen hebben hierin geen stem, zij zullen zich altijd moeten aanpassen, hoe de beslissing ook uitpakt. Maar wij als volwassenen hebben wel een stem en wij kunnen keuzes maken.

Bij al deze onderwerpen is het sleutelwoord "communicatie". Stop voor een moment eens met bedenken hoe jij vindt dat het allemaal zou moeten zijn en verplaats je eens in jouw partner. Probeer te voelen wat jouw partner voelt, te zien wat hij of zij ziet en te horen wat hij of zij hoort. Doe je best om de mening en referentie van jouw partner te begrijpen, maar ook zijn of haar overtuigingen en gedachten. Vraag eens aan jouw partner hoe hij of zij zich voelt. Denk aan jullie gezamenlijke waarden en praat daar samen over. Op z'n minst kun je het proberen om een hand uit te steken. Wat er niet meer is kun je niet zomaar meer terughalen. Een poging wagen om de schade te herstellen of te beperken kan altijd. En die beslissing ligt bij beide partners.

OUDERSCHAP/KINDEREN

De relatie tussen kinderen en hun ouders: het is belangrijk dat ouders een sterke en gezonde relatie met hun kinderen opbouwen en daarmee zo vroeg mogelijk beginnen. Dit is belangrijk omdat een sterke relatie de eigenwaarde verhoogt en een gevoel van sociale veiligheid geeft. Al deze dingen zijn belangrijk om geluk en zelfontplooiing te realiseren.

Het **effect dat verschillende culturen** op het gezin hebben: de cultuur van een of beide ouders kan veel invloed hebben op de kinderen. Elke cultuur brengt eigen normen en waarden met zich mee. De ene cultuur heeft ten opzichte van de andere cultuur ongewone of onacceptabele gewoonten. Stellen met verschillende en contrasterende culturen kunnen problemen ondervinden bij de opvoeding van hun kinderen.

Werkende ouders versus niet-werkende ouders: in het leven zijn twee dingen heel belangrijk. Er moet geld verdiend worden en het gezin moet bij elkaar blijven. Om geld te verdienen kan het zo zijn dat je veel tijd van huis bent. Zijn je kinderen nog klein dan kan het zijn dat je veel tijd besteedt aan het thuisfront.

Kinderen die uit een **traditioneel gezin** komen: het mag duidelijk zijn dat kinderen met liefde en respect zouden moeten worden opgevoed. En in een setting van wederzijdse warmte en respect van beide ouders, die tevens de taak van gezinshoofd vervullen.

Partnerschap versus vrije ontwikkeling van het kind: kinderen moeten, zolang ze nog jong zijn, door hun ouders worden aangestuurd en niet vrij worden gelaten om maar te doen wat ze maar willen. Maar tegenwoordig passen ouders veelal een vorm van gelijkwaardigheid of juist gezaghebbende stijl bij de opvoeding van hun kind of kinderen toe, of juist een hele rustige manier.

SOULMATES

De connectie tussen twee zielsverwanten: intimiteit is bestemd voor zielsverwanten. Wanneer twee zielsverwanten samenkomen dan ontstaat er rust. De intimiteit tussen beiden zal dan alleen nog maar sterker worden.

Heb je ooit jouw soulmate of zielsverwant ontmoet? Een zielsverwant is niet altijd je partner. Je kunt de relatie in veel vormen tegenkomen. Maar wat maakt het zo speciaal? Zielsverwanten zijn is erg bijzonder. Een zielsverwant is zoals de naam al zegt afgestemd op jouw ziel en dat maakt het bijzonder. Zonder (veel) woorden begrijp je elkaar feilloos.

Toen ik mijn partner voor de eerste keer ontmoette, wist ik dat er iets bijzonders tussen ons bestond. Het voelde als thuiskomen ook al waren er veel verschillen om te overwinnen. De eerste tijd hadden we een speciale vriendschap. We hadden niet veel woorden nodig om elkaar te begrijpen. Het was vanzelfsprekend om er voor elkaar te zijn. We daagden elkaar als zielsverwanten uit en leerden veel van elkaar. Een zielsverwant zorgt ervoor dat jij je ontwikkelt. En ook al zijn er uitdagingen om te overwinnen, je weet het altijd als jij jouw zielsverwant, jouw soulmate hebt gevonden.

VRIENDEN

Geloof jij dat je honderden vrienden hebt? Wat is jouw waarheid over vrienden? Het verschil tussen een echte vriend die er altijd voor je is en iemand die er alleen in goede tijden is. Wij zullen allemaal in ons leven een aantal goede vrienden hebben en een aantal die zich onze vrienden noemen en er alleen zijn als het hen uitkomt.

De reden waarom dit in dit boek aan de orde komt is omdat wij vaak zeggen “Ik heb 500+ vrienden op Facebook, Instagram en LinkedIn enzovoort”! Maar dat zijn veelal mensen die jij oppervlakkig kent en zij kennen jou via privé- of zakelijke contacten.

Het verschil tussen een algemene vriend en een echte vriend is dat een echte vriend er altijd voor jou is. Het maakt niet uit in welke situatie je zit. Uiteindelijk ben je er altijd voor elkaar. Deze vriendschap noemen we een vriendschap van geven zonder daar iets voor terug te willen ontvangen.
Echte vriendschap is voor het leven en het maakt niet uit waar je in de wereld bent, je zult elkaar hoe dan ook vinden. Bedenk eens wie die echte vriend voor jou is en vice versa. Wat doe je er zelf aan om de vriendschap actief te houden? Er bestaat niet zoiets als éénzijdige vriendschap tussen twee vrienden.

Heb jij wel eens meegemaakt dat je dacht dat je een goede en ware vriendschap met iemand had en die vriend jou op een goed moment liet staan voor iemand anders? Of, een zogenoemde "goede" vriend gaat verhuizen en je hoort nooit meer iets van hem of haar? Of, opeens was je geen vriend meer omdat hij of zij jaloers op jou was en jij daar geen idee van had?

Vrienden kunnen jou in het leven vooruithelpen, maar ze kunnen jou ook naar beneden halen.

Omdat onze wereld door social media veel groter is geworden, komen we veel sneller en gemakkelijker in contact met elkaar en is het ook goed om te realiseren dat er een andere kant aan zit, die invloed heeft op ons gevoel van welzijn. Positief gezien geeft het een kijkje in andermans leven, zoals het leven van onze vrienden. De negatieve kant ervan is dat wij kwetsbaarder zijn en gemakkelijker pijn gedaan kunnen worden. Ik ben ervan overtuigd dat we de invloeden die vrienden op ons kunnen hebben, behoorlijk onderschatten. Deze invloed kan zover gaan dat wij er zelfs mentale en uiteindelijk fysieke klachten aan kunnen overhouden.

BUURT EN BUREN

De connectie die wij met onze buren hebben: de Westerse wereld is individualistisch van aard. De meeste mensen doen hun eigen ding zonder hulp aan iemand anders uit hun directe omgeving te vragen. Toch is het goed als we enige vorm van connectie met mensen in onze directe omgeving hebben. Je weet immers nooit wanneer je ze nodig hebt.

Over het algemeen zien wij de buurt waarin wij wonen als onze sociale omgeving. Het gaat om de sfeer die het uitstraalt. Het gaat om de maatschappelijke of gemeenschappelijke activiteiten, de gemeenschapszin, elkaar op allerlei manieren helpen. Het is belangrijk om goed contact met je buren te hebben. Is de buurt waarin jij woont belangrijk voor jou?

"Een goede buur is beter dan een verre vriend."

Buren kunnen in je leven van pas komen. Ze wonen dicht bij je in de buurt. Zo zie je dat afhankelijk van de cultuur en jouw wereldbeeld, de buurt waarin je woont van invloed kan zijn op jouw gedrag, gevoel van comfort en veiligheid. Maar ook kan het je een gevoel geven dat je wordt gecontroleerd bij alles wat je doet of zegt.

WERK/ZAKENRELATIES/PARTNERSHIPS

Het is altijd goed om samen te werken en samen te ontwikkelen in werk of business, en een goede zakelijke relatie op te bouwen. Dit werkt als je hier samen tijd aan besteedt. Als je vandaag begint met samen wat tijd door te brengen, en elkaar beter te leren kennen en kennis te delen, dan zul je zien dat je op langere termijn een goede zakelijke relatie hebt waar beide partijen voordeel uit kunnen halen.

De manier waarop wij netwerken is veranderd. Voorheen wisselden wij meestal eerst of alleen visitekaartjes uit. Gelukkig verandert dit. Het is nu belangrijker om eerst met de persoon contact te leggen, het delen van een visitekaartje komt dan vanzelf.

Op die manier bouw je een goede relatie en vertrouwen op en de kans is hierdoor veel groter dat men met jou wil zakendoen. Dit werkt uiteraard niet alleen zo bij zakenpartners, maar ook geldt dit voor werkrelaties, bijvoorbeeld als collega's. Dus om betere resultaten te halen, zou er meer balans moeten zijn en werkelijke interesse voor de mens achter de business.

Tip:

Uiteraard is jouw communicatie en houding afhankelijk van de (business) cultuur. Train jezelf om open te zijn. Wees geïnteresseerd in de ander, luister goed en ik weet zeker dat je wordt beloond met goede en mooie relaties. Wat je geeft krijg je ook terug. En loopt de relatie uiteindelijk toch anders, wat natuurlijk kan gebeuren, het gaat tenslotte over de interactie tussen twee of meer mensen, dan is dat zo en ga je weer verder of je past je aan de ander aan.

COLLEGA'S

Ook collega's kunnen een belangrijke rol in je leven spelen. Als je een baan hebt, dan kunnen sommige collega's lastig zijn en met andere collega's bouw je een collegiale vriendschap op.

Collegiale relaties kunnen je maken of breken. Collega's kunnen gemeen of jaloers zijn. Ze kunnen je vermijden of je naar beneden halen, om zichzelf in een beter daglicht te plaatsen.

Intimidatie, pesterijen en geweld op het werk is iets waar we liever niet over praten, maar het is er wel degelijk. Niet alleen in fysieke vorm maar ook en misschien zelfs via e-mail en andere communicatiemiddelen. Maar misschien moeten we het er maar niet over hebben. Op de werkvloer gebeuren dit soort dingen niet, toch?

Heb je enig idee hoe dit soort zaken iemands leven, gezondheid en gevoel van welbevinden vreselijk kunnen beïnvloeden? Op deze manier leeft de persoon die dit overkomt met angst.

Natuurlijk willen wij niemand met wie wij samenwerken werkelijk schade aanbrengen, maar meestal wordt de schade die wordt aangericht zwaar onderschat. Toch is het iets om over na te denken. Medewerkers die dit overkomt praten er niet graag over als het ze overkomt, omdat het 9 van de 10 keer van tafel geveegd wordt, alsof het niet waar is. Misschien toch iets om eens bij stil te staan.

Als je een fulltime-baan hebt, dan bestaat de kans dat je meer tijd met je werk bezig bent dan met jouw privéleven. De connectie met collega's kan sterk zijn en zelfs uitgroeien tot een goede vriendschap. Alles gaat goed totdat die ene collega vertrekt naar een andere baan of ergens anders een nieuwe uitdaging aangaat. De vriendschap kan afzwakken en als je een sterke band met die collega had, voelt het misschien alsof je een dierbare hebt verloren. Maar ja, zeggen we dan "Het leven gaat door. Hou niet zo vast aan wat was en je krijgt er vast en zeker weer een nieuwe leuke collega voor terug!" In eerste instantie lijkt dit allemaal niet zo belangrijk, maar als je iets meer op die situatie inzoomt, dan zie je dat er veel gebeurt in het systeem van de collega die achterblijft. Het gevoel van iemand verliezen waar je dagelijks mee omgaat, kan zich later uiten, en klachten veroorzaken. Het is dus belangrijk om los te laten en niet teveel emotioneel te hechten aan bijvoorbeeld collega's. Je weet immers nooit hoelang zij in jouw leven zijn.

Hoe jij de verbinding maakt met collega's hangt af van wie jij als persoon bent. Bijvoorbeeld jouw persoonlijkheid. Maar los van jouw persoonlijke eigenschappen is het belangrijk dat je respect hebt voor ieder mens.

COMMUNITY – GEMEENSCHAP

Tegenwoordig vinden we communities of anders gezegd gemeenschappen in allerlei vormen. Waar hebben we het hier over?

Misschien zeg je nu "Wat heeft dat met mij te maken?" Misschien ben je lid van een sociale gemeenschap, lid van een sportclub, een hobbyclub of culturele gemeenschap.

Een belangrijke factor is hoe jij een bijdrage kunt leveren aan de gemeenschap. Wij zijn niet geboren om alleen te zijn. Wij maken allemaal deel uit van een of andere community of gemeenschap en het is de bedoeling dat wij elkaar helpen.

Een andere community is een zakelijk netwerk of business community. Het is een plek waar ondernemers bij elkaar komen, kennis delen en elkaar helpen. Je kunt lid worden van een community die bij jouw business of jou als persoon passen. Als je lid bent van een passende community dan deel je informatie en kennis met andere leden van de groep. Daarnaast help je elkaar. Je kunt bijvoorbeeld lid worden van Toastmaster of soortgelijke club om een expert te worden in public speaking.

Ik heb een aantal voordelen voor je op een rij gezet, maar ik raad je wel aan om zelf onderzoek te doen naar de club, groep of community die bij jou past!

Genereren van nieuwe (uitbreiden van) business

Het grootste voordeel dat je uit netwerken kunt halen is het genereren van nieuwe business.

Kansen

Het pakken van kansen zoals joint venture, partnerships, mogelijkheden tot spreken en schrijven, doen van zaken, verkoop van vastgoed en andere eigendommen… en zo verder. De mogelijkheden zijn echt talloos.

Connecties

Het gaat niet om WAT je weet, maar WIE je kent. Dat is absoluut een feit in business.

Het juiste advies

In business is het vaak lastig om toegang tot goede en juiste informatie voor je business te krijgen. De juiste netwerkgroepen openen vaak deuren naar invloedrijke mensen met wie je anders moeilijk in contact komt. En zo krijg je goed advies wat moeilijk te vinden en doorgaans erg duur is.

Merken en naamsbekendheid

Een netwerk helpt enorm bij het in de markt zichtbaar maken van jou en jouw business. En zo kun jij zelf meewerken aan jouw reputatie als kundig, betrouwbaar en behulpzaam persoon, door bruikbare informatie en tips aan mensen te geven die dat kunnen gebruiken.

Positieve invloed

Omring jezelf met positieve en stimulerende mensen die jou helpen groeien en als ondernemer te ontwikkelen.

MASTERMIND GROEP

Heb je ooit deelgenomen aan een Mastermind groep? Wat is een Mastermind groep? Napoleon Hill, de alom bekende schrijver van het boek 'Think and Grow Rich' beschrijft het als volgt:

Een Mastermind groep bestaat uit twee of meer mensen die in een perfecte harmonie samenwerken, voor het bereiken van een bepaald doel. Het kan gaan om een groep succesvolle ondernemers of gelijkgestemden die elkaar regelmatig ontmoeten.

Toen ik zelf deelnam aan een Mastermind groep werd de waarde ervan al snel duidelijk. Zorg voor goede afspraken met elkaar en commitment van alle deelnemers om er zoveel mogelijk uit te halen.

Mastermind groepen vind je over het algemeen bij ondernemers, maar je kunt een Mastermind groep in elk vakgebied opzetten. Het kan ook als denktank dienen of in algemene zin het samen delen en creëren van geweldige ideeën. Het zet je ertoe aan om mooie resultaten te realiseren en vooral op te vallen in jouw vakgebied. Als leden van de groep zich volledig committeren, dan ontwikkelt ieder zich op zijn of haar eigen manier. Bovendien is het delen van jouw kennis en energie met de groepsleden geweldig leuk en dankbaar.

Een Mastermind groep is een van meest krachtige middelen die je helpen om succesvol te worden. Dit is een groep mensen die erop gericht zijn om hun persoonlijk doelen te halen, die hun kennis en ervaringen met elkaar delen, uitdagingen aangaan en ideeën voor succes ontwikkelen. Mastermind groepen kunnen een wisselwerking of synergie bouwen en daardoor beperken dat je van alle markten thuis moet zijn. Een leuke bijkomstigheid is dat iedereen een Mastermind groep kan opzetten of kan deelnemen aan een groep. Als jij de vaardigheden van een organisator bezit, als jij leden van de groep kunt aansturen, de hoofdzaken van bijzaken kunt scheiden, dan krijgt de Mastermind groep nog meer waarde.

Doelen Stellen

Mastermind groepen kunnen voor elk onderwerp worden opgezet, maar ze moeten wel een duidelijke focus hebben op een specifiek onderwerp of doel. Bijvoorbeeld: gaat het om een businessgroep en is het onderwerp leiderschap? Gaat het over persoonlijk succes? Je kunt het eenvoudig en duidelijk maken door het een titel te geven en een 'mission statement' te schrijven. Zorg ervoor dat je dit mission statement in de eerste meeting voorleest, zodat alle leden duidelijk het doel van de groep voor ogen hebben.

Kies groepsleden met zorg

Kies groepsleden die openstaan voor advies, die zelf advies en support geven, die respectvol zijn naar anderen en zich houden aan de regels van de groep. Stel aspirant-leden de volgende vragen. Heb je tijd voor een Mastermind groep? Wat is jouw eigen missie? Wat zijn jouw doelen voor de komende vijf jaar? Waarom zou jij als lid van de groep worden gevraagd? Waarom zouden wij jou willen uitnodigen om lid te worden van deze groep?

Houd de groepsgrootte beperkt

Zorg ervoor dat je de groepsgrootte overzichtelijk en beheersbaar houdt en ieder lid van de groep de beste waarde uit de groep kan halen.

Creëer regels en structuur en geef meer waarde aan iedereen

Laat ieder groepslid iets delen waar hij of zij trots op is. Dit kan een presentatie, een doorbraak of iets goeds dat hem of haar is overkomen zijn.

Spreek regelmatig af

Zorg ervoor dat je niet wordt gestoord tijdens deze meetings. Virtuele meetings werken erg goed. Zoom of Google

Hangouts of andere vorm van teleconferencing is een prima keuze.

Ontwikkel goede vaardigheden als organisator
De groep heeft een organisator nodig die doelgerichte meetings kan organiseren, die kan brainstormen over de beste oplossingen en die de groep aan de afspraken houdt. De organisator dient de leiding te nemen, stuurt herinneringen, regelt de meetings, motiveert de groepsleden en handhaaft de regels. Dit alles helpt je om jouw leiderschapsvaardigheden te ontwikkelen.

Overweeg het rekenen van een bijdrage
Leden zullen eerder deelnemen en meer gecommitteerd zijn als zij ergens voor moeten betalen. Deze deelname zal de waarde van de Mastermind groep verhogen. Als het alleen tijd van de leden vraagt dan is de kans groot dat als iets anders zich op het afgesproken tijdstip voordoet, zij dat voor laten gaan en dus het commitment naar de groep afzwakt.

TRAINERS/TRAINEES

Een goede trainer: neem een mentor in de hand, die jou door elke inspanning die je onderneemt leidt. Dit is een belangrijk uitgangspunt dat uiteindelijk zijn vruchten zal afwerpen voor iedereen, zolang men bereid is om het toe te passen.

Het vermogen om te leren en instructies van anderen te accepteren: in deze wereld is niemand alleen. Wij leren allemaal en zullen totdat we onze laatste adem uitblazen blijven leren. Elk individu die geïnteresseerd is in persoonlijke ontwikkeling, zou verbeteringen en instructies van anderen moeten accepteren. Leren is een manier van ervaren, dus heb jij het idee dat jij een trainer nodig hebt voor een bepaald gebied in jouw leven? Dit kan een persoonlijke, spirituele of gerespecteerde professional zijn in jouw vakgebied. Accepteer jij een trainer die jou met jezelf confronteert? Geloof jij in het hebben van een trainer?

Op welk gebied zou dat zijn en welk type trainer denk jij zou jou het beste kunnen helpen?

Trainers kunnen veel invloed op jouw leven hebben en hoe jij voortgang boekt. Ze kunnen je naar hogere niveaus tillen en weten hoe ze jou kunnen aanzetten en stimuleren tot het veranderen en ontwikkelen van jezelf.

Het allerbelangrijkst is dat jij jezelf openstelt en bereid bent om van anderen te leren.

INVLOED

Veel dingen beïnvloeden ons tijdens ons leven. Zolang het op een positieve manier is, is het goed. Op deze manier kan het ons helpen om te ontwikkelen en in het leven te groeien. Maar er is ook een negatieve manier van beïnvloeden. Wil jij mensen in jouw directe omgeving hebben die een negatieve invloed op jou hebben, als dat betekent dat zij jou daardoor tegenhouden om te groeien en verder te ontwikkelen in het leven? Of als zij jou zelfs op de een of andere manier schade toebrengen?

Er waren al mensen in jouw prille leven toen je werd geboren. Wie bedoel ik daarmee? Misschien vinden wij het maar heel gewoon dat onze gezinsleden de mensen zijn die ons altijd helpen, er voor ons zijn en misschien geven zij ons advies in het leven. Maar klopt het wel wat ik hier schrijf?

Wij denken vaak dat andere mensen ons beïnvloeden en misschien klopt dat ook. De vraag is hier, laten wij ons door familie, vrienden en andere mensen beïnvloeden? Nou ja, in veel situaties kunnen wij mensen de schuld geven van wat er met ons gebeurt toch, of ligt het anders?

The Unique Life Creator Circles of Influence™

Laten we eens kijken naar The Unique Life Creator™ Circles of Influence

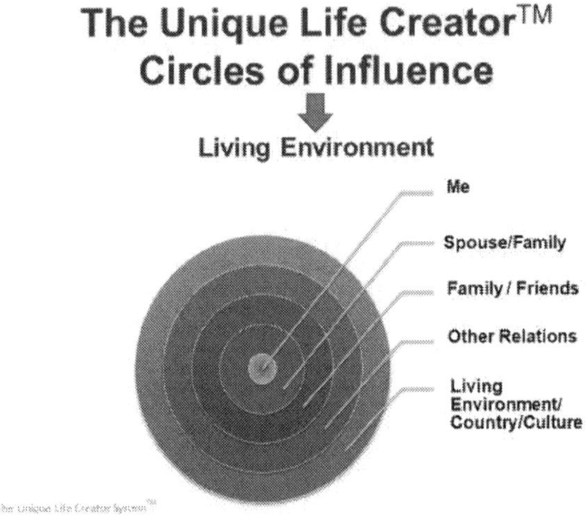

Om meer inzicht te krijgen in de invloed die anderen op ons hebben, kun jij je als eerste afvragen of het klopt dat mensen om jou heen, invloed op jou uitoefenen. Beïnvloeden mensen ons daadwerkelijk of laten wij ons door anderen beïnvloeden?

Dat is best een interessante vraag. Hoe zit dat eigenlijk bij jou? Ik kan je zeggen dat ik lange tijd geloofde dat andere mensen mijn leven beïnvloedden. Nu zul jij misschien zeggen dat het enigszins naïef is om dat te geloven. Maar ik geloof niet dat dat naïef is. In ons leven komen en gaan veel mensen. Privé, maar ook via werk en zakelijk. Ook via officiële instanties, bijvoorbeeld, ambtenaren die de regels van de wet dienen te volgen, vrienden, familie, docenten van jou en je kinderen, via de sportschool, sociale omgeving, via internet en zo kan ik nog wel even doorgaan. Het gedrag en de gedachten die mensen in onze omgeving hebben en waar wij op de een of ander manier aan zijn verbonden, hebben hoe dan ook enige mate van invloed op ons. Op een negatieve maar zeker ook op een positieve manier. Meestal weten we de negatieve effecten die mensen op ons hebben wel te benoemen, maar zien we het ook als mensen een positief effect op ons hebben? Is het jou wel eens opgevallen hoe jouw humeur kan veranderen als jij een poosje in een omgeving bent waar een relaxte sfeer hangt en mensen zijn die "echt" om je geven? Kun jij je voorstellen dat jij direct daarna boos of kwaad bent op iets of iemand?

Misschien vind je het leuk om een aantal van alle activiteiten die nu beschreven zijn te doen. Zo krijg je een beeld van de resultaten die het jou kan opleveren. De 7 C's uit 'The Unique Life Creator System™' zullen je helpen om jouw eigen Unique Life Creator Circles of Influence samen te stellen. Het maakt je (al doende) duidelijk wie belangrijk voor jou is en hoe het je kan helpen om de resultaten te halen waar jij naar streeft. De 7 C's zijn onderdeel van 'The Unique Life Creator System™'. In de live trainingen zullen we daar dieper op ingaan.

De 7 C's van The Unique Life Creator Circles of Influence:

Classify - Maak jouw huidige Circles of Influence.
Centre - Plaats jezelf in het midden.
Clarify Maak voor jezelf duidelijk wie invloed mag hebben op jou en om welke reden. Schrijf dat op.
Choice Wie zit er op dit moment in jouw Unique Life Creator Circles of Influence en in welke cirkel?
Community - Van welke community of gemeenschap maak jij deel uit? Welke invloed heeft deze community of gemeenschap op jou?
Care - Zorg voor jouw omgeving.
Celebrate - Vier jouw successen samen met de mensen. van wie jij houdt en de mensen in jouw nieuwe Unique Life Creator Circles of Influence.

"

Hardships often prepare ordinary people for an extraordinary destiny.

"

C.S. Lewis

HOOFDSTUK 2.3: BIJDRAGE

Don't ask yourself what the world needs;
ask yourself what makes you come alive.
And then go and do that.
Because what the world needs is people who have come alive.
- Howard Thurman

Dit onderwerp is absoluut heel belangrijk. Als jij in jouw leven niet de liefde hebt ontvangen die je verdient, en niet geleerd hebt om te delen en te geven zonder daar iets voor terug te ontvangen, dan kan het zijn dat jij op een goed moment op jouw leven terugkijkt en je realiseert dat jij zonder te geven en delen het leven alleen voor jezelf hebt geleefd. Wat is dan eigenlijk de zin van jouw leven geweest? Materieel geluk? Maar, materiële zaken kun je aan het einde van jouw leven niet meenemen.

Kunnen wij ons goed voelen als wij alleen voor onszelf leven en onszelf verrijken? Ons luxe leventje leven zonder iets met anderen te delen? Ieder van ons heeft eigen verantwoordelijkheden, en we hebben er een hekel aan als mensen en organisaties bedelbrieven sturen voor geld, tijd en hulp. Om je te verleiden sturen ze foto's en filmpjes van de meest vreselijke situaties. En die situaties zijn er ook en dat is vreselijk. Maar ik hou niet van de agressieve manier waarop mensen door sommige organisaties worden benaderd. Het is van groot belang dat wij onze bijdrage leveren aan bijvoorbeeld oorlogskinderen, mensen maar ook dieren in nood. En ook moeten we voor onze natuur zorgen want deze takelt onder onze handen af en onze bijdrage daaraan is heel hard nodig. Niet alleen worden mensen met geld, zoals wij vaak denken, maar ook worden jij en ik niet graag geconfronteerd met mensen in nood of eenzaam zijn. In ieder land vind je schrijnende situaties waar hulp voor nodig is. Wat maakt nu toch dat we vaak denken dat de boodschappen waarbij om hulp wordt gevraagd niet voor ons bedoeld zijn? Dat wij de wereld om ons heen toch niet kunnen helpen en wat we doen toch maar een druppel op een gloeiende plaat is. Hoe komt het dat we dat soms zo voelen? Is dat vanwege de confrontatie, misschien angst voor de werkelijkheid dat er echt zoveel narigheid om ons heen gebeurt? Werkt het als een spiegel voor ons of zijn wij ons werkelijk niet bewust van wat er om ons heen gebeurt? Het klopt dat wij niet alle problemen in de wereld kunnen oplossen. Maar, jij en ik kunnen onze ogen niet sluiten voor de mensen om ons heen. Stel dat jou iets overkomt, van de ene op de andere dag verlies jij je baan, jouw huis in een brand of storm of je hebt geen inkomen meer om het leven te leven dat je gewend was, en elke dag weer een uitdaging is om te kunnen eten en de rekeningen te kunnen betalen. En het is een misvatting om te denken dat het jou niet overkomt.

Maar kunnen we alleen verschil maken door het geven van geld? Komt het geld dat we geven wel op de plek terecht waar we het voor hebben gegeven? En is het niet zo dat als we mensen tijdelijk hebben geholpen, in sommige situaties als de (financiële) hulp stopt, de mensen weer terugvallen in hun oude ellendige situatie?

De vraag is hier dus, gaat het leveren van een bijdrage alleen over het geven van geld? Hoe zie jij dat? Ik denk dat het geven van geld of andere goederen op verkeerde plaatsen of in verkeerde handen kan komen en niet altijd bij de mensen die het nodig hebben. Dus, kun je zeggen, moeten we dan nog wel geven? Je ziet dat er een trend is dat er steeds minder financieel gedoneerd wordt. Wat zou de reden daarvan zijn? Belangrijk is dat we nooit moeten stoppen met het helpen van mensen daar waar het nodig is!

Wat maakt dat wij ons niet altijd realiseren, welk effect ons handelen op andere mensen heeft? Om nog in het voorbeeld van de mensen in nood te blijven, het is bijvoorbeeld veel gemakkelijker om niet te denken aan al die mensen in nood, want als je er niet aan denkt bestaat het probleem toch niet? Zo van, als ik mijn ogen dicht doe, dan zie ik niets om mij heen en weet ik ook niet wat er gebeurt. Is dat zo?

De werkelijkheid is natuurlijk anders en ik weet dat wij wel degelijk veel voor mensen doen die het nodig hebben en dat we daar waar nodig geld geven. Maar we hebben het ook enorm druk met ons bestaan, rennen van hot naar her, zitten in de ratrace en kunnen niet overal aan denken. Heb jij zelf wel eens een situatie meegemaakt waarbij je de hulp van anderen nodig had? Waar je van het ene op het andere moment letterlijk op straat stond en behalve de kleding die je aan had, geen andere kleding meer had? Dat je geen spullen meer had, geen eten, geen dak meer boven je hoofd, en dat je volledig afhankelijk was van de hulp en zorg van anderen?

Ik ben in zo'n situatie geweest. Midden in de winter, het was donker en koud buiten en er was brand in huis, onze dochter kon zichzelf en onze hond nog maar net op tijd in veiligheid brengen. Gelukkig kreeg de brandweer het vuur onder controle, maar de gevolgen waren enorm.

Wij waren niet thuis toen het gebeurde en de brandweer vertelde ons later dat niemand hier iets aan kon doen en dit iedereen kon overkomen. De brand werd veroorzaakt door kortsluiting in de televisie die op dat moment aan stond. Toen mijn mobiele telefoon ging en onze dochter aan de lijn riep "Mam, het huis staat in brand!! En het is ECHT!!" zakte de grond onder mijn voeten weg. "Waar ben je, ben je veilig? Waar is de hond, zijn er mensen die je opvangen? We komen meteen naar huis." Oh, mijn hemel, we moeten nog 40 minuten rijden voordat wij thuis en bij ons kind zijn." Toen we onze straat inreden, drie brandweerauto's, veel mensen op straat en onze dochter met een zwart beroet gezicht zagen staan, toen begrepen we dat het echt serieus was. Het eerste en belangrijkste was ons kind. Is ze oké? Voor zover het leek ging het goed. Maar nu, wat moesten we doen? Op zo'n moment moet je iets doen. We moesten een slaapplek voor de nacht hebben en wat spullen uit het huis meenemen voor de eerste dagen. Maar er mocht helemaal niets uit het huis worden meegenomen van wat er nog over was. Gelukkig kregen wij direct hulp aangeboden van mensen uit onze straat en ouders van vriendinnen van onze dochter. Er werden bedden geregeld en een tijdelijk dak boven ons hoofd bij overburen, maar ook werden tassen met kleding gebracht en er werd voor eten en drinken gezorgd. De hond die net op tijd uit het huis was gered, werd opgevangen, en het belangrijkste naast al deze praktische zaken was die arm om ons heen, de arm van bescherming en liefde van mensen om ons heen.

Naast het verliezen van veel materiële zaken, was de positieve kant in deze narigheid dat onze dochter nog leefde, de hond was gered en wij elkaar nog hadden. Na ruim twee maanden konden we weer terugkeren naar een fris en bijna nieuw huis en konden wij ons leven weer oppakken.

Je kunt zeggen dat we veel geluk hebben gehad en toen wij de mensen die ons hadden geholpen bedankten, kregen we als reactie "Het is niets, het is normaal om in zo'n situatie te helpen? Jullie zouden toch hetzelfde doen?" "Uiteraard!" was ons antwoord. Maar deze mensen hadden geen idee wat ze hadden gedaan. Wat hun hulp voor ons had betekend. Pas als je het zelf meemaakt, besef je hoe belangrijk die hulp is. De arm om je heen van iemand die je niet eens kent, een glimlach, een warme deken en comfort, het zijn allemaal basisbehoeften in het leven. Dit had helemaal niets te maken met geld! Wij leven ons leven op onze manier en mogelijk hebben we de overtuiging dat het niet zo belangrijk is om anderen te helpen van onze ouders of verzorgers overgenomen. Als je niet wakker wordt en ziet wat er in de wereld om je heen gebeurt, dan kan het zijn dat je op een goed moment terugkijkt op je leven en jezelf afvraagt wat was nu jouw toegevoegde waarde en je bijdrage in het leven van anderen is geweest.

Wat heeft dit eigenlijk allemaal te maken met addition, het leveren van een bijdrage? Velen van ons denken, als wij het hebben over het leveren van een bijdrage, dat je bijvoorbeeld als vrijwilliger helpt in een ziekenhuis, kleding verzamelt of naar een specifiek land gaat om daar ter plekke hulp te verlenen. Het is geweldig werk om te doen!

Het leveren van een bijdrage, op welke schaal dan ook, geeft veel voldoening. Wij zijn allemaal met een doel en bestemming in het leven geboren. Wat is het doel, de zingeving in jouw leven? Welke waarden heb je? Wat gebeurt er met jou als je liefde en zorg geeft en deelt met andere mensen? Hoe voelt het als iemand je aankijkt en "Dank je wel" zegt, "Bedankt dat je er voor mij bent, bedankt dat jij naar mij luistert, bedankt dat je in mijn leven bent" of gewoon iemand die naar jou glimlacht? Zou dat jou voldoening geven, gewoon door jezelf te zijn, wie jij bent?

Mijn vraag aan jou is, leef jij gewoon voor jezelf, of wil jij een bijdrage leveren aan het leven van iemand anders en ertoe doen voor de wereld om je heen?

Als je alleen het leven voor jezelf leeft, dan is de kans groot dat jij mogelijk nooit echte voldoening in je leven krijgt, jij je niet verder ontwikkelt en dat je niet echt gelukkig wordt.

Maar ik kan je nu al zeggen, dat jij een prachtige ziel bent en kunt handelen zoals grote zielen dat doen. Grote zielen handelen zonder erover na te denken wat zij ervoor terugkrijgen en zij twijfelen nooit of zij al dan niet een bijdrage moeten leveren.

Mensen die alleen maar voor zichzelf leven, voelen zelf niet dat zij een levensdoel hebben en zullen zich uiteindelijk eenzaam gaan voelen. Alleen het hebben van geld zal ze geen voldoening geven.

Op de een of andere manier word je beloond voor wat je geeft, zelfs als je alleen al oprecht denkt aan het welzijn van anderen, dan word je beloond voor wat je geeft.

Dus, wat ben je, een gever of een nemer? Alleen jij kunt deze vraag voor jezelf beantwoorden.

Als je een gever bent en je kunt delen, je wilt zorgen voor anderen en je kunt geven zonder daar iets voor terug te ontvangen, dan zeg ik je toe dat het leven jou zal omarmen en dat jij absoluut voldoening zult ervaren. Je zult veel meer ontvangen dan je ooit hebt gegeven.

Het leveren van een bijdrage geeft jouw absolute voldoening!

Zou jij het leven tot het uiterste willen leven? En zou jij er voldoening uit willen halen, liefde geven, willen zorgen, delen en geven of houd jij je liever aan jouw overtuigingen vast en leef je het leven voor jezelf? Je ziet, voelt, hoort en weet dan eigenlijk niet wat er om je heen gebeurt, je levert geen bijdrage aan het leven van anderen, de natuur of de wereld om je heen.

Jij bent de enige die deze vraag kan beantwoorden.

VOLDOENING

Wat geeft jou voldoening? Heb je ooit dat fantastische gevoel van voldoening gekend? Zoals het bereiken van jouw doel of doelen, of door het ontwikkelen van jezelf, waardoor je bent waar je wilt zijn.

Ik kreeg mijn voldoening op verschillende manieren. Je kunt voldoening halen uit betaald maar ook uit onbetaald werk. Het is niet relevant wat je doet, alle (werk)ervaringen zijn belangrijk en hebben jou gevormd tot wie jij nu bent. Er komt een moment dat je dat zult inzien of misschien zie je dat nu al. Je ontwikkelt je en dat zal je voldoening geven.

Graag deel ik het verhaal van die man die bij een organisatie, ter grootte van 150 medewerkers, op de financiële afdeling werkte. Hij hield van zijn werk en door de jaren heen had hij zich aardig goed ontwikkeld. Hij functioneerde erg goed in zijn baan en werd goed gewaardeerd door het management.

Toen, op die ene dag, veranderde alles. In de organisatie was een reorganisatie gaande en ook al was hij geweldig en gelukkig in zijn baan, hij was een van de medewerkers die te horen kreeg dat hij mocht gaan. "Wij vinden het heel erg om je te moeten zeggen dat we afscheid van jou moeten nemen. Het is wat het is, wij konden het helaas niet voorkomen. Je was een geweldige medewerker en we bedanken je hartelijk voor alle inzet, jouw commitment en extra's die jij onze organisatie hebt gegeven." Zo… dat was het dan! Voor deze man betekende deze beslissing een ramp. "Hoe kunnen zij mij dit aandoen? Wat gebeurt hier allemaal? Wat moet ik nu verder? Een andere baan vinden is gezien mijn leeftijd onmogelijk!"

In de maand nadat hij de boodschap had gekregen, ontving hij een beëindigingscontract om te ondertekenen. Het was nu definitief over. Het voelde voor hem alsof al het werk dat hij in al die jaren vol toewijding had verricht, helemaal voor niets was geweest. En de maanden die nog resteerden tot het einde van zijn contract, kreeg hij geen voldoening meer uit zijn werk! Toen hij na het beëindigen van zijn werk thuis was, overdacht hij de situatie. Hij voelde zich ellendig over wat er was gebeurd, maar hij realiseerde zich dat hij ook op een andere manier voldoening uit zijn leven zou kunnen halen. Hij zou iets voor de maatschappij kunnen betekenen door zijn kennis en vaardigheden in te zetten om mensen privé te helpen met hun financiële zaken, zoals bijvoorbeeld de belastingaangiften. Ook al was hij zijn baan kwijt en daarbij ook een groot deel van zijn verzekerde inkomen, het maakte hem gelukkig om een bijdrage te leveren. Uiteindelijk gaf dit hem zoveel meer voldoening dan de baan waar hij met zoveel verdriet afscheid van moest nemen.

Het bereiken van mijn doelen en het vervullen van mijn wens om mensen te trainen, te inspireren en te motiveren maakt mij heel gelukkig.

Voldoening kun je op zoveel verschillende manieren realiseren. Het verhaal van deze man is hiervan slechts een voorbeeld.

GEVEN ZONDER TEGENPRESTATIE

Handelen zonder daar iets voor terug te vragen

Geven zonder tegenprestatie – het geven zonder er iets voor terug te vragen.

Doe je iets voor iemand en je verwacht er niets voor terug, dan spreken wij van geven zonder tegenprestatie. Het is prachtig vooral in de relatie tot het leveren van een bijdrage. Hoe vaak gebeurt het niet dat we iets terugverwachten als wij iets geven. Misschien niet bewust, maar ongemerkt doen we dat wel. Ik geloof erin dat deze manier van geven een van de mooiste, zo niet de mooiste, dingen is om te doen.

Als kind, maar ook later, vond ik het geweldig om een cadeau(tje) voor familie of vrienden voor een verjaardag te kopen. Ik vond het leuk om iets te vinden waar de ontvanger echt blij mee was. Als ik dan de echte glimlach op het gezicht zag verschijnen, dan wist ik dat ik het juiste cadeautje had gekocht. Je zou kunnen zeggen dat het mij om de bevestiging ging en het 'Dank je wel'. Misschien heb je gelijk, misschien ook niet.

Maar hoe is het dan als je bijvoorbeeld iets aan 'iemand' schrijft en je weet niet wie het krijgt. Stel je voor dat jouw woorden veel voor iemand betekenen, het een glimlach op het gezicht brengt en zijn of haar leven positief kan veranderen. Hoe mooi zou dat zijn?

BIJDRAGEN

Je kunt een bijdrage leveren aan een bepaald iemand, aan de gemeenschap, de maatschappij door middel van een geldelijke bijdrage, ideeën en moeite. Naast het leveren van een bijdrage kun je ook mensen helpen om iets met andere mensen samen te doen.

GEVEN, ZORGEN, DELEN

EN LIEFDE

Bied iemand iets aan of <u>geef</u> iemand iets!

Hoe zit het met geven, is dat niet een van de mooiste dingen om in het leven te doen?

Op heel veel verschillende manieren kun je geven.
Bijvoorbeeld: liefde, comfort, voedsel, water, geld en tijd.

Life without love is like a tree without blossoms or fruit.

- Khalil Gibran

Stel je voor dat je een boom in jouw tuin plant. Wat doe je nadat je het hebt geplant? Zou je graag willen zien dat de boom groeit, bloeit, vruchten en zaden geeft? Ik in ieder geval wel!

Laten we eens een boom planten die de naam 'Leven' draagt. Dit is een prachtige boom wanneer deze is volgroeid en de mooiste bloesems in het voorjaar geeft. Toen de boom nog klein was, hebben we er goed voor gezorgd. Het kreeg water wanneer dat nodig was en we zorgden ervoor dat er niets mee kon gebeuren. Als we er goed voor zorgen dan overleeft hij elke storm en vorst, en bij lange droogte zorgen we ervoor dat onze boom elke dag water krijgt.

De boom groeit aardig en we zijn er trots op dat wij met uiterste zorgzaamheid de boom konden verzorgen.

Elk jaar groeit de boom zoals hij het zou moeten doen, maar op een goed moment lijkt de boom door iets geïnfecteerd te zijn, en gaat het niet zo goed. De bladeren glimmen niet meer en sommige bladeren vallen en het is nog helemaal geen herfst. En dat is de tijd waarin de bladeren op een natuurlijke manier vallen. "Wat is er aan de hand?" vraag je. We hebben al die jaren goed voor de boom gezorgd, hij groeit wel, maar niet goed. Er klopt iets niet. Hij ziet er gewoon niet goed uit. Bovendien heeft het niet de bloesems en fruit gegeven, die we hadden verwacht.

Juist dit jaar hadden we het fruit willen verdelen onder de mensen, die zelf geen geld hebben om fruit te kopen.

De boom kreeg water en de zorg die het nodig had, maar er miste iets. Maar wat mist er dan? Weet jij het? Als we konden horen wat de boom ons zou vertellen, dan zouden wij begrijpen dat Liefde ontbreekt. Weet je, we zorgen zo goed als wij kunnen voor de boom, maar als we dat zonder Liefde doen, wat betekent het 'zorgen' dan uiteindelijk nog?

Toen wij begrepen waarom de boom zo achteruitging, nodigden wij mensen uit om Liefde aan de boom te geven en te delen. Het duurde even, maar toen echte Liefde via de wortels door de boom werd opgenomen, begon de boom weer te groeien. In het volgende voorjaar straalde de boom met zijn prachtige bloesems en uit allerlei plaatsen kwamen mensen naar de boom om te genieten van de kleur en geur van de vele bloemen. Honderden bijen vlogen af en aan om de nectar uit de bloemen te halen. De boom stond daar rechtop, trots en erg gelukkig, en in datzelfde jaar zat de boom vol met zoet fruit.

Veel mensen kwamen naar de boom om fruit te plukken die zij vervolgens deelden met mensen die geen fruit konden kopen.

De boom werd een centrale ontmoetingsplaats voor mensen. Men vermaakte zich prima en begon kennis en ervaringen met elkaar te delen.

Uiteindelijk viel het gevormde zaad op de grond en nieuwe bomen groeiden aan de voet van de mooie, sterke en gezonde boom die werd gevoed met Liefde, geven en delen en ook voor de kleine bomen werd goed gezorgd. En zo begon het hele proces weer overnieuw en op veel plekken werden kleine nieuwe bomen geplant en met heel veel Liefde verzorgd. De mensen realiseerden zich dat handelen, zelfs met de beste intenties en de beste materialen het leven niet tot bloei kan brengen als het geen Liefde krijgt!

Hoe zit het met jou? Heb jij er wel eens bij stil gestaan of jij handelt met aandacht en liefde?

Ik hoop dat jij dat doet, omdat alleen op die manier wij de wereld tot een betere plek kunnen maken, zelfs of misschien wel juist als we op kleine schaal beginnen.

Love is neither an emotion
Nor is it a feeling
Love is a reality that brings together
One, two and all
- Amyn Dahya

Door met anderen verbonden te zijn, zie je sneller jouw eigen lessen in het leven, kansen en mogelijkheden. In veel situaties lijkt het dat mensen verbonden zijn met anderen, maar het tegenovergestelde is waar. In werkelijkheid zijn ze alleen. Relaties vragen veel aandacht, er wordt veel geven en nemen van je verwacht. Maar de mooiste beloning is als je oprecht verbinding met anderen maakt. Zorg daarom voor goed contact met familie, vrienden, collega's, vakgenoten of gelijkgestemden. Maar je kunt ook contact maken door naar iemand te glimlachen of oogcontact te maken. Zorg er bij familie en vrienden voor dat je bewust tijd inplant voor kwaliteitstijd. Luister naar je hart, geef liefde, communiceer met aandacht, vraag door, wees in het moment en gericht op die ander, bepaal wat je wel en niet wilt en bovenal wees authentiek!

“

Your time is limited, so don’t waste it living someone else’s life.

”

Steve Jobs

LIFESTYLE

HOOFDSTUK 3
LIFESTYLE

INCREASE YOUR PERSONALITY B.I.D ™

BALANCE
INCOME
DISTRICT

Hoe verbeter jij jouw lifestyle en verhoog jij jouw persoonlijk B.I.D?

Als je staat voor datgene wat je wilt in jouw leven en je staat achter de keuzes die jij daarvoor maakt, dan zul je automatisch balans je leven krijgen.

Heb je er ooit bij stil gestaan wat balans werkelijk inhoudt? Heb je er ooit bij nagedacht hoe jouw inkomen en district, jouw directe leefomgeving, jouw persoonlijke zijn kunnen beïnvloeden?

In dit hoofdstuk zullen we meer in detail ingaan op de onderdelen balans, inkomen en district en hoe jij daarmee de waarde van jouw persoonlijke zijn kunt verbeteren om zo een gezondere, rijker en gelukkiger lifestyle te realiseren.

HOOFDSTUK 3.1: BALANS

Om je lifestyle te verbeteren, is het belangrijk om te onderzoeken hoe je balans brengt in de verschillende aspecten in je leven.

Als voorbeeld:

Balans in werk- en familieleven: werken betekent niet alleen het verdienen van een inkomen, het betekent ook dat jij jezelf bezighoudt met een activiteit. Stel je eens voor dat je al het geld van de wereld bezit en je hoeft niets daarvoor te doen. Je zou je gaan vervelen en dat is niet leuk. Als je balans in jouw werk en (jouw) privéleven hebt, dan geeft jou dat ook wat tijd om van huis te zijn, zodat jij jouw partner ook wat ruimte kunt geven. Afwezigheid of afstand doet liefhebben, zegt men wel eens.

Voorbereiden en plannen: bij vrijwel alles wat je doet, is het belangrijk om vooruit te plannen. Zorg ervoor dat je tijd vrijmaakt om jouw financiën te plannen, maar ook voor jouw familie en jouw werk. Bijvoorbeeld, je kunt tijd inplannen om met familie op vakantie te gaan. Plannen geeft je geestelijke rust, zorgt voor minder stress om jouw leven zoveel mogelijk op orde te hebben.

Organiseren van jouw werk en bezigheden: elke dag brengt zijn eigen werk en bezigheden met zich mee zoals ook elk jaar eigen dingen heeft. Wij verwachten daar ook aan te voldoen. De beste manier om dit te bereiken is om ze zo goed mogelijk te organiseren. Schrijf ze op en geef er prioriteiten of volgorde aan waarop ze gedaan moeten worden.

Delegeer jouw werkzaamheden: door het delegeren van werkzaamheden geef je bij diegene aan wie je delegeert aan dat je hem of haar in staat acht om dat specifieke werk te doen. Het delegeren van werkzaamheden verlicht jouw last en verlaagt bijvoorbeeld jouw stressniveau, maar het helpt ook bij het krijgen van een betere verbinding met de persoon aan wie jij delegeert.

BALANS (MIND-BODY-SOUL)

Om jouw gezondheid te verbeteren, gaat het voornamelijk over het in balans brengen van lichaam geest en ziel. De Ayurveda bekijkt dit onderwerp in relatie tot de Westerse geneeskunde. Gezondheid is volgens de Ayurveda, de aloude wetenschap van het leven, de perfecte balans tussen geest, lichaam en ziel. De zintuigen spelen hierbij ook een belangrijke rol.

Dr. Partap Chauhan, BAMS (Ayurvedacharya), oprichter en directeur van het Jiva Instituut, New Dehli, India, vertelt vanuit Ayurvedisch perspectief over het belang van balans in geest, lichaam en ziel ofwel Mind, Body en Soul.

De Ayurveda is inmiddels over de hele wereld populair geworden, maar het is van groot belang dat we de basisprincipes van de Ayurveda in haar oorspronkelijke vorm goed begrijpen. Er is geen twijfel over mogelijk dat Ayurvedische begrippen zoals *vata, pitta, kapha, abhyanga, shirodhara* enzovoort algemene namen zijn geworden, maar dit is slechts een heel klein onderdeel van de Ayurveda. Het is daarom van belang om het in z'n geheel te begrijpen.

Ayurveda is een Sanskriet woord, dat kan worden gesplitst in twee woorden nl. *Ayus* en *Veda.* De combinatie van deze twee woorden vormt het woord Ayurveda. Het woord *veda* betekent kennis en het woord *Ayus* wordt gedefinieerd als de combinatie van lichaam, zintuigen, geest en de ziel, we kunnen zeggen dat de Ayurveda de kennis of wetenschap over de mens is. In ons onderwijssysteem leren we tegenwoordig over onderwerpen als wetenschap, geografie, milieu, wiskunde, computers enzovoort, maar we worden niet onderwezen over ons menselijke systeem met uitzondering van een beetje biologie. Wij zijn in verschillende gebieden zeer succesvol geworden, maar hebben eigenlijk geen idee hoe wij met emotionele situaties en trauma's om moeten gaan. We kennen onze echte identiteit niet of nauwelijks. Wie ben ik? Ben ik het lichaam of ben ik de ziel?

Ayurveda, de oorspronkelijke gezondheidsleer uit het Oosten, beschrijft tot in detail hoe het menselijk lichaam werkt en wat goed en niet goed voor het lichaam is. Ook beschrijft het wat de geest is, waar het is, hoe het werkt en hoe je een gelukkige van een ongelukkige geest kunt onderscheiden en vice versa.

Op fysiek niveau legt de Ayurveda uit dat het lichaam is opgebouwd uit de vijf elementen: aarde, water, vuur, lucht en ether (ruimte). Ieder mens is geboren met een unieke combinatie van deze vijf elementen, die vooraf als onze unieke natuur en karakter, oftewel *prakriti* zijn vastgesteld. Om gezond te blijven en ziektes aan te pakken is het voor ieder van ons van belang dat we onze unieke natuur en karakter kennen. Mensen hebben al naar gelang hun dominantie van bijvoorbeeld het element aarde, vuur of lucht bepaalde karaktereigenschappen. Bijvoorbeeld, mensen die geboren zijn met de dominantie van het element aarde, laten eigenschappen zien die lijken op aarde. Zij zijn van nature wat gezetter (zwaar) in gewicht, zijn traag en stabiel. Mensen met een dominantie van het element lucht, zijn licht in gewicht, beweeglijk, minder stabiel in hun gewoonten. Om gezond te blijven is het van belang om je aangeboren natuur te kennen en voeding en lifestyle te gebruiken die deze natuurlijke eigenschappen onderhoudt. Op deze manier kun je voorkomen dat je ziek wordt. Als je ziek bent dan is het belangrijk om te onderzoeken welk element versterkt aanwezig is. Bijvoorbeeld het element vuur is verhoogd als iemand lijdt aan te veel maagzuur, een branderig gevoel in het lichaam heeft of last heeft van lichte of hevige jeuk. Om de ziekte of aandoening te behandelen en weer gezond te kunnen worden, moet men stoppen met het nemen van voedsel waarin het element vuur sterk aanwezig is zoals bijvoorbeeld chilipepers en hete specerijen, en verkoelend voedsel nemen zoals watermeloen, komkommer en kokos, om er maar een paar te noemen. De vijf elementen worden verder beschreven in termen als *Vata, Pitta* en *Kapha*. In Ayurveda worden deze de drie *doshas* genoemd.

Op het niveau van de geest spreken we voornamelijk over drie kwaliteiten of eigenschappen die de verschillende activiteiten van de geest beheersen. We noemen deze de drie *gunas,* dit zijn *Sattva, Rajas* en *Tamas.* Als we het hebben over de gezondheid van de geest, dan hebben wij het over een ontspannen geest. In de Ayurveda wordt het zo beschreven dat de geest wordt gedomineerd door *Sattva.* Wordt de geest door de andere twee eigenschappen (*gunas*) gedomineerd, dan spreekt de Ayurveda over een aandoening of ziekte van de geest. *Rajas* is de eigenschap die irritatie, overlast en hinder veroorzaakt. In deze staat van de geest is de persoon in kwestie niet echt blij omdat de geest vol zit met begeerte. *Tamas* is de staat van de geest die vol zit met onwetendheid. Als gevolg daarvan kan het niet denken, inschatten of duidelijk onderscheid maken. De dominantie van zowel *rajas* als *tamas*, is de oorzaak van geestelijke aandoeningen die vervolgens weer functies in het lichaam, inclusief de hersenen, het zenuwstelsel, de spijsvertering, de immuniteit en nog veel meer, verstoren. Het behandelen van geestelijke aandoeningen wordt gedaan door het verminderen van *rajas* en *tamas* en het verhogen van *sattva.* Dit wordt gedaan met behulp van natuurlijke kruiden, voeding, yoga, ademhalingsoefeningen, meditatie en andere behandelingen zoals bijvoorbeeld *shirodhara* en Ayurvedische oliemassages.

Het wordt zo gezien dat de zintuigen volledig door de geest worden aangestuurd. Als de geest gezond is dan zullen de zintuigen (ogen, oren, neus, mond en huid) zich goed gedragen. De Ayurveda adviseert daarom deze zintuigen regelmatig te wassen. Ook wordt het gebruik van een beetje olie geadviseerd. Omdat al deze zintuigen verbonden zijn met de zenuwen, moet je ook jouw zintuigen goed onderhouden. Olie zorgt voor een goede smering zodat ze optimaal functioneren. De Ayurveda bespreekt verschillende manieren hoe je de dagelijkse reiniging kunt uitvoeren. BELANGRIJK!! Ga niet zomaar zelf iets doen, vraag goed advies aan een Ayurvedisch arts of specialist.

Omdat mensen een combinatie van lichaam, geest en ziel zijn, is het ook van belang om goed voor de ziel te zorgen. De ziel is de energie die zorgt voor bewustzijn in het lichaam, onze zintuigen en de geest. Omdat het een bewuste energie is (niet materieel), kun je het verzorgen door te verbinden met bronnen van bewuste energie. De Ayurveda beschrijft verschillende manieren hoe je de ziel kunt verzorgen. Bijvoorbeeld, verbinden met de natuur, het universum, de oceanen, andere levende entiteiten, en God. In het kort gezegd is voedsel voor de ziel Liefde. Aangezien wij allemaal zielen zijn die in onze fysieke lichamen leven, die de zintuigen en de geest bezitten, is het erg belangrijk geworden dat wij naast onze lichaam en geest, ook goed voor onszelf zorgen.

Volgens de Ayurveda is gezondheid, de balans tussen het niveau van lichaam, geest en de ziel. Aanvullend is het zo dat elk onderdeel van ons menselijke systeem alleen werkt doordat deze met elkaar samenwerken. Gezondheid is volgens de Ayurveda harmonie tussen lichaam, geest en de ziel. En dat is het ultieme doel van de Ayurveda.

GELUK

Hoe kies je voor een gelukkig leven?

Als je ooit hebt ervaren hoe het is om ongelukkig te zijn, dan weet je wat het verschil is. Dan kun je ervaren en voelen wat het tegenovergestelde van ongelukkig zijn is en dat is gelukkig zijn.

Laten we dit leuke onderwerp eens wat meer van dichtbij bekijken.

Wat betekent gelukkig zijn voor jou? Gaat dit voor jou over het hebben van veel geld, rijk zijn? Gelukkig zijn in de liefde? Hemels geluk ervaren wanneer er een (klein)kind is geboren? Gelukkig zijn als jij jouw doelen hebt bereikt, de beste baan van de wereld hebt of de beste businessdeal krijgt? Gelukkig zijn als andere mensen gelukkig zijn? Gelukkig zijn als jij bij machte bent om geluk in het leven van iemand anders te brengen? Of gelukkig worden als je een onbevangen kind naar jou ziet glimlachen? Dat zijn nogal wat vragen.

Laten we zeggen dat jij goed voor anderen bent, maar in jouw ogen stelt wat jij doet niet veel voor. Maar heb je enig idee wat jouw actie voor die ander kan betekenen? Misschien krijg jij om wat je voor die ander deed als bedankje wel de allermooiste glimlach. Wat zou dat met je doen? Maakt dat jou gelukkig?

Het dienen van andere mensen kan je heel veel voldoening en geluk geven, maar we zijn niet allemaal hetzelfde.

Een van mijn cliënten zei, na het ondergaan van een volledige klassieke Ayurvedische massage met fantastische warme Ayurvedische kruidenoliën tegen mij "Nelleke, ik weet niet hoe ik jou kan bedanken, jouw gift was zo groot, je hebt geen idee wat jij mij hebt gegeven."

Ik was verrast, maar was ik dat werkelijk? Eigenlijk niet helemaal. Ik wist wat de fantastische klassieke Ayurvedische massage met de speciaal op deze mevrouw gerichte combinatie van warme kruidenoliën kon doen.

Zij vervolgde, "Weet je, jij gaf mij het gevoel dat ik toestemming van mijzelf kreeg om te zijn wie ik ben, dat ik besta, mijzelf kon zijn en dat ik met mijn eigen mooie ziel in contact kwam."

Wat je zou moeten weten, is dat ik nooit tijdens de massage met de cliënt praat. Het wonder van deze 45 minuten klassieke Ayurvedische massage met warme olie, in een respectvolle omgeving, is dat dit deze mevrouw de kans gaf om zelf contact te maken met haar innerlijke zelf. Nadat zij dat had gezegd keken wij elkaar aan en wij waren allebei gelukkig, ieder op onze eigen manier. Je zou het de voldoening van mijn werk kunnen noemen, maar voor mij betekende wat ik haar kon geven en het resultaat wat zij daarvan had ervaren, te weten dat zij op een andere manier naar huis zou gaan dan hoe zij kwam, echt geluk. Haar gezondheid verbeterde aanzienlijk nadat alle behandelingen waren afgerond.

Je kunt ook op een simpele manier iemand gelukkig maken. Mijn vraag aan jou is, hoe zie jij de wereld om je heen als jij gelukkig bent? Wat voel je dan? Wat zien anderen aan jou? Laten jouw ogen iets zien? Wat gebeurt er met je?

Ben jij net als ik, dat je soms als je het zo druk hebt met het leven van je leven en met alle dagelijkse dingen, dat je eigenlijk vergeet wat het is of hoe het voelt om gelukkig te zijn en daarvan te genieten?

Zou het ook kunnen zijn dat wij ons eerder focussen op de momenten waarop wij ongelukkig zijn in plaats van dat wij dat doen op wat ons wel gelukkig maakt en daar dan ook actie op nemen?

Snap je wat ik bedoel?

Wij ervaren dat gelukkig zijn allemaal op een andere manier. Ieder van ons heeft er andere ervaringen mee en geeft er een andere betekenis aan.

ACTIVITEIT

Schrijf nu 10 woorden op, dingen of activiteiten in jouw leven die jou echt heel gelukkig maken.

Voorbeeld:

* Gezond zijn ……………………………………………
* Mijn droom vervullen……………………………………..
* Financieel onafhankelijk zijn………..……………………..
* De liefde van mijn leven vinden …………………………..

Nadat je dit hebt gedaan, bedenk dan welke impact het zou hebben op jouw leven.

Als je het leuk vindt om te doen, dan kun je nu bij elk punt noteren, waarom dat wat je hebt opgeschreven jou echt gelukkig maakt? Doe dit bij elk punt.

In de rechterkolom kun je ze nummeren, nummer 1 is de meest favoriete. Schrijf op wat als eerste in je opkomt. Schrijf intuïtief. Ik weet dat voor veel mensen deze oefening te simpel lijkt, maar als je werkelijk schrijft wat als eerste in je opkomt zonder daar eerst over na te denken, dan kan er een andere uitkomst zijn dan wanneer je er eerst over nadenkt. Neem hier maximaal 30 seconden voor. Schrijf achter elkaar door. Als je in de gaten hebt dat je toch vanuit je hoofd schrijft, stop dan, leg je pen neer en doe de oefening op een later moment nog eens opnieuw. Doe je er langer dan 30 seconden over, dan schrijf je waarschijnlijk vanuit je hoofd en niet vanuit je hart. Doe de oefening dan later opnieuw.

De uitkomst laat jou op een leuke manier zien in welke richting jij zou moeten werken om gelukkig te worden of te blijven.

Wat nu als ik je zou vertellen dat ik jou een toverstaf zou kunnen geven die jou helpt om gelukkiger en gezonder te kunnen leven, zou jij die dan aanpakken? En als ik je dan vertel dat het jou helemaal geen moeite kost om dat te realiseren en het in overvloed ontvangt? Ben je dan geïnteresseerd? Natuurlijk, ben je dat! Wie wil geen overvloed aan geluk en gezondheid in het leven hebben.

Om eerlijk te zijn, hoef ik jou helemaal geen toverstaf te geven, om dat alles te krijgen. Je hebt het al, het is alleen nu nog een kwestie van er uiting aan geven. Waar heb ik het over?

De kracht van DANKBAARHEID

Vaker dankbaar te zijn kan er al voor zorgen dat je veel gelukkiger, gezonder en optimistischer over het leven zelf denkt. Met dankbaarheid trekken we aan wat wij willen. Zoals het benoemd is in de universele wet van de aantrekkingskracht (Law of Attraction), trekken wij die dingen in ons leven naar ons toe waar wij ons op focussen.

Als kinderen hebben we geleerd om dank je wel te zeggen en dit eenvoudige gebaar van dankbaarheid gaat al heel ver terug en begint bij het bouwen van sterke relaties. De kracht van positieve waardering heeft een grotere impact.

Dankbaarheid vermindert negatieve gedachten en bevordert jouw probleemoplossend vermogen. Als jij je focust op de dingen waar je dankbaar voor bent, dan trek je automatisch gelukkige emoties aan, daardoor kom je in een positieve gemoedstoestand. Als we denken aan waar we dankbaar voor zijn, dan stellen we onze geest open voor nieuwe mogelijkheden en connecties. Als we dat op die manier doen, dan zien we een probleem als een mogelijkheid of een kans om te verbeteren in plaats van er een uitdaging van te maken.

Tot slot leert dankbaarheid jou dat achter elk probleem een mogelijkheid of kans ligt. Dus, dankbaar zijn over welke situatie dan ook, zal ons zeker gelukkiger mensen maken.

GEZONDHEID

Ik geloof dat gezondheid tegenwoordig een van de meest besproken onderwerpen wereldwijd is, denk je niet? Geloof jij dat wij onze gezondheid zelf kunnen beïnvloeden?

Ik weet niet wat jouw beleving bij dit onderwerp is, maar ik geloof er zeker in dat wij onze eigen gezondheid en gevoel van welzijn in zekere zin kunnen beïnvloeden. Wat bedoel ik daarmee?

Dit boek is gebaseerd op de eeuwenoude wetenschap van het leven, de Ayurveda, die al meer dan 5000 jaar wordt toegepast.

Ik ben geïnspireerd door Jiva Ayurveda, een instituut in New Delhi, India. Jiva Ayurveda helpt duizenden mensen over de hele wereld bij het oplossen van gezondheidsproblemen, het realiseren van een succesvol leven en een gezonde lifestyle. In de volgende pagina's deel ik de fantastische inhoud over de Ayurveda, die Jiva op haar website www.jiva.com wereldwijd deelt. Ayurveda kijkt naar de oorzaak van klachten en aandoeningen en is niet een systeem dat alleen aan symptoombestrijding doet. Zij streeft naar het herstellen van de gezondheid door aan de onderliggende oorzaken van de ziekte of aandoening te werken. Je zult in de Ayurveda daarom veel lezen over ontgiften, reinigen, opbouwen en vernieuwen of verjongen. Het is een eenvoudige wetenschap waarvan de aanpak gebaseerd is op gezond verstand, wat vandaag de dag vrij zeldzaam is.

Bijvoorbeeld als een patiënt klaagt over hoofdpijn, branderige ogen, maagzuur en een schimmelinfectie op de huid, dan zijn dat voor de patiënt vier verschillende aandoeningen. Voor een Ayurvedisch arts geven al deze klachten een verstoring in 'pitta-dosha' aan.

De pitta dosha kan worden gedefinieerd als de feilloze balans van twee ogenschijnlijke tegengestelde kwaliteiten van de elementen vuur en water. Samen zijn ze de energieke kracht die de transformerende functies in het lichaam regelen: de spijsvertering, metabolisme of wel de stofwisseling. Men neemt aan dat zelfs de hormoonhuishouding door pitta wordt geregeld.

In deze situatie kan de patiënt niet volledig genezen totdat de verstoorde pitta dosha onder controle is. Dit zal helpen bij de behandeling en het geven van een remedie om alle klachten te verhelpen.

Ayurveda streeft altijd naar het aanpakken van de oorzaak van de aandoening of ziekte. Het heeft niet tot doel om bepaalde symptomen te onderdrukken, maar om de harmonie en balans te herstellen. Het probeert dit te doen door de verstoorde doshas (vata, pitta en kapha) in balans te brengen door middel van het verbeteren van de spijsvertering, het verwijderen van gifstoffen, het versterken van het spijsverteringsvuur, het openen van de kanalen en het verjongen van *dhatus* (weefsel). Dus, ontgiften en reinigen zijn een integraal onderdeel van de Ayurvedische wetenschap. Deze reiniging wordt niet alleen door kruidenpreparaten of Panchakarma-therapie uitgevoerd, maar ook door een goed gepland en samengesteld dieet in combinatie met de juiste lifestyle.

De Ayurveda benadert ons vanuit het perspectief dat wij lichaam, geest en ziel niet los van elkaar kunnen zien. Het gaat niet alleen over het behandelen van ziekten, maar vooral over het voorkomen ervan en gezond te blijven.

Ayurveda helpt bij het volgen van een gezond dieet en lifestyle

Tot een paar decennia geleden keek de moderne wetenschap bij het beleid van het beheersen van ziekten niet naar de rol die voeding en lifestyle op ons systeem hadden. Maar de aloude wetenschap past dit al duizenden jaren toe. En zo heeft de Ayurveda een prominente rol ingenomen bij het behandelen van ziekten, waar het gaat over de rol van goede voeding en lifestyle. Bijvoorbeeld, het is een feit dat de waarde van jouw bloedsuikers enorm kunnen stijgen door overmatige inname van zoetwaren. Terwijl te scherp en te pikant eten kan leiden tot te veel maagzuur en zelfs maagzweren. Als je laat naar bed gaat en je blijft lang uitslapen in de ochtend, dan kan dat jouw metabolisme of wel stofwisseling verstoren en als gevolg daarvan metabolische stoornissen ontwikkelen. Ayurveda heeft deze feiten al lang geleden onderkend en praktische richtlijnen en voorschriften voor voeding en lifestyle uitgewerkt. Als een individu een

Ayurvedische behandeling ondergaat, het geadviseerde dieetplan en lifestyle-advies volgt en ziet hoe dat een positief effect heeft op zijn of haar systeem, dan zal dat meer motiveren om gezonder te eten en te leven. Hij of zij wordt hierdoor dus naar een gezonder, vruchtbaarder, en langer leven geleid.

Unieke behandeling

In tegenstelling tot veel andere gezondheidssystemen kijkt de Ayurveda op een holistische manier naar het individu. Het behandelt geen ziekten door alleen bepaalde medicatie, tabletten of capsules, voor te schrijven, maar het legt met name de nadruk op een voedingsvoorschrift, lifestyle, mentale en spirituele benadering en gedrag van het individu. Ayurveda gaat voorbij aan de universele aanpak bij de keuze van behandelen. In plaats daarvan overweegt het de volgende factoren:

- De status van de **doshas** (vata/pitta/kapha) van het individu.
- De status van de **dhatus** (weefsel: bloed/spieren etc.).
- De status van **malas** of uitwerpselen (ontlasting/ urine).
- De status van de **mahabhootas** of elementen (vuur/ water etc.).
- De status van de **srotas** of lichaamskanalen.
- The status van de geest.
- Gedrag (signalen).
- Voornaamste en bijkomende symptomen.

En veel meer!

Verstoring in de doshas, dhatus en andere factoren kunnen per patiënt verschillend zijn, zelfs als zij dezelfde ziekte lijken te hebben. Omdat Ayurveda ernaar streeft om de factoren die uit balans zijn, weer in balans te krijgen, en verstoorde factoren weer te herstellen, verschilt de Ayurvedische behandeling van patiënt tot patiënt en is aangepast op de verschillende individuen. Niet alleen het type medicatie, maar ook de aangeraden lifestyle, voedingsvoorschriften, soort oefeningen, welke drankjes te nemen en de tijd van inname van de medicatie kan verschillen van patiënt tot patiënt.

STRESS

Niet alleen voor de ongezonde geest

Ayurveda is ook voor gezonde geesten (minds)! Als jouw geest uit balans is, leer je hoe je deze weer in balans brengt. Is jouw geest in balans, dan is het goed om te leren hoe je deze goed kunt houden om de maximale potentie uit jou te halen en jouw dromen uit te laten komen.

Mijn verhaal ging over langzaam opgebouwde stress en de consequenties daarvan, en het niet luisteren naar de signalen van lichaam en geest, en wat de omgeving je vertelt. Laten we eens kijken hoe Jiva ons adviseert.

Win met Ayurveda en overwin stress

Wie wil er nu geen winnaar zijn? Terwijl de hele wereld spreekt over hoe je moet winnen, lijkt niemand zich ervan bewust te zijn wat er elke keer bij komt kijken. Als wij een droom nastreven en we willen hoe dan ook winnen, dan is onze geest voortdurend geagiteerd en staat onder druk door de eisen en beperkingen die wij onszelf steeds opleggen.

Dus, wat moeten we doen?

Je kunt winnen door een juiste planning en uitvoering. Doelloos iets najagen, levert alleen maar stress en angst op.

Hierna vind je enkele manieren om je stress en angst beter te kunnen beheersen met Ayurveda:

- Yoga is de sleutel om een goede balans tussen lichaam en geest te onderhouden. Door 's ochtends rustige ademhalingsoefeningen te doen en op een willekeurig moment op de dag een paar minuten te mediteren, krijg je veel positiviteit en veranderen alle angsten in hoop.

- Lifestyle en dagelijkse routine zijn de twee hoofdoorzaken van stress. Je zou je moeten houden aan een gezonde dagelijkse routine met regelmatige nachtrust en ochtendrituelen, het eten van voedzame maaltijden, het vermijden van drugs en alcohol, en gelukkig zijn.

- Sattvische voeding zoals bijvoorbeeld amandelen, honing, groene groenten, fruit, noten en yoghurt, zijn goed voor de goede verhouding van geest en lichaam.

- Om stress te reduceren is het essentieel om in het heden te blijven, je geen zorgen te maken over de toekomst en niet te treuren over het verleden.

Ben jij een werkende man of vrouw? Voel jij je regelmatig gestrest en schreeuw jij tegen jouw kinderen of jouw partner? Probeer je de perfecte balans te vinden tussen thuis en de buitenwereld?

We ervaren allemaal werkgerelateerde stress. Door de druk van deadlines, de verwachtingen van managers en onze eigen ambitie, lopen wij steeds op onze tenen. Maar een werkende man of vrouw moet steeds schipperen tussen zijn of haar professionele verplichtingen en familie-verantwoordelijk heden. De verwachtingen die aan hem of haar worden gesteld zijn dubbel, aan de ene kant voor het thuisfront zorgen en aan de andere kant het beste op de werkvloer geven. Zelfs als er tussen deze twee verantwoordelijkheden een kleine verstoring is, dan kan dat al stress opleveren, wat kan leiden tot onenigheden, slechte zorg voor de baby, verzuim of slechte ervaringen op het werk; en verwaarlozing van zichzelf.

Als stress zich over een langere periode heeft opgebouwd, dan kan dat leiden tot een ongezonde lifestyle, slechte voeding, angst, depressie en fysieke gezondheidsklachten. Hier zijn een paar tips die jou voorzien van hoognodige mentale ondersteuning en motivatie om te verbeteren.

- Het regelmatig doen van fysieke oefeningen houdt het lichaam fit. Wandelen, rek- en strekoefeningen, aerobics en yoga houden het lichaamsgewicht onder controle en versterken de spijsvertering.

- Een gezond dieet, dat bestaat uit vers fruit en groenten, noten en zuivelproducten, houdt de spijsverteringssappen op pijl en voorzien het lichaam van essentiële voedingsstoffen en mineralen.

Mediteer

Spiritueel en mentaal goed voelen: je spiritueel en mentaal goed voelen is zeer belangrijk om succes in het leven te hebben. Het is altijd van belang dat de mens met de natuur is verbonden en zich vasthoudt aan de aanwezigheid van een hoger zijn, die over hem waakt. Dit geeft een gevoel van verantwoordelijkheid bij het individu en helpt om sociaal positief gedrag te tonen. Er bestaat ook een link tussen spiritualiteit en je mentaal goed voelen. Het hebben van een diepe beleving van spiritualiteit conditioneert de geest op zo'n manier dat het voor ziekten moeilijker wordt om te ontwikkelen. Dit is de reden waarom men meditatie een vorm van helen noemt.

De volgende meditatie is een prachtige meditatie die Jiva en ik jou absoluut adviseren om elke dag te doen.

Jiva Meditatie

Een van de belangrijkste aspecten van de Jivananda is de Jiva meditatie die het lichaam, de geest, de zintuigen en de ziel gedurende de dag kalmeren en energie geven. Het is ook een geweldig hulpmiddel om stress tegen te gaan en het geheugen en de concentratie te versterken.

Deze Jiva meditatie is door Dr. Partap Chauhan en Dr. Satya Narayana Dasa samengesteld. Het brengt jouw aandacht naar de hartstreek door het visualiseren van een druppeltje Liefde dat vanuit het hart naar alle richtingen wordt verspreid.

De meditatie neemt je mee op de reis van buiten naar binnen en laat vervolgens de druppel met Liefde, vanuit het hart uitstralen naar de omgeving en weer terug.

HOE DOE JE DE JIVA MEDITATIE?

STAP – 1

Ga in een ontspannen en comfortabele houding zitten. Zorg ervoor dat je rug in rechte positie is. Als het nodig is, dan kun je ook gaan liggen. Sluit je ogen en haal drie keer rustig diep adem, adem in … adem uit…

↓

STAP – 2

Focus jouw gedachten voor een moment op jouw natuurlijke ademhaling. Volg rustig je ademhaling, focus je alleen daarop.

↓

STAP – 3

Breng nu jouw aandacht naar je hartstreek en visualiseer een klein druppeltje Liefde en een klein sprankeltje Licht, zoals een stralende ster die licht naar alle kanten uitstraalt. Vol van Liefde, Licht, Leven en Geluk – Dit ben "Ik, Ik ben de Ziel, Ik ben eeuwig, Ik ben vrij van alle narigheid. Ik zal nooit oud zijn. Ik ben voor altijd jong en mooi."

↓

STAP – 4

Geniet van deze prachtige realisatie van jezelf of het herkennen van jouw Ware Zelf met een ontspannen en prachtige glimlach op je gezicht.

STAP – 5

Nogmaals, "Ik ben de Ziel. Ik zit vol met Liefde. Ik zit vol met geluk."

↓

STAP – 6

Visualiseer nu dat dit Licht en deze Liefde zich in het hart en over de hartstreek verspreidt, en alle duisternis, onwetendheid, blokkades en gif vernietigt.

↓

STAP – 7

Het hart is als een kleine Zon die dit Licht en deze Liefde uitstraalt. Geniet van deze verspreiding van de Ziel in je hart met een ontspannen en lachend gezicht.

↓

STAP – 8

Visualiseer nu het verspreiden van het Licht en de Liefde naar de rest van het lichaam, in de borst, nek, gezicht, hoofd, armen, darmen, heupen en benen, waar het alle gifstoffen en alle blokkades verwijdert.

STAP – 9

Het hele lichaam is nu gevuld met Liefde en Licht. Stuur nu Liefde naar de verschillende organen zoals Nieren, Lever, Hersenen en Ingewanden. Stuur ook Liefde naar de organen of het systeem waarvan jij denkt dat deze zwak of ziek is. Geniet van de verspreiding van de Ziel naar elk van deze organen en naar elke cel. Doe dit met een prachtige glimlach op je gezicht.

↓

STAP – 10

Verspreid nu jouw aandacht naar de buitenwereld. Verspreid de Liefde in de ruimte waar je bent en daarna in de wereld.

↓

STAP – 11

Laat nu dit Licht en deze Liefde in de ruimte verspreiden en naar de buitenwereld. Stuur Liefde naar alle planten, dieren, oceanen, bossen en bergen. Stuur deze Liefde naar alle vrienden en familieleden. Stuur deze Liefde naar iedereen die je wilt helpen en helen. Geniet van het uitzenden van deze Liefde met een prachtige glimlach op je gezicht en zeg:

Moge alle mensen gelukkig zijn.

Moge alle mensen vrij van ziekten zijn

Moge wij elkaar allemaal liefhebben

Dat niemand hoeft te lijden.

STAP – 12

Breng nu het Licht en de Liefde van de wereld terug in de ruimte waar je nu bent. Visualiseer dat deze ruimte nu gevuld is met Licht en Liefde. Breng dit nu terug in je lichaam. Breng het Licht en de Liefde terug in het hart, dat een kleine zon is en vervolgens terug naar de oorspronkelijke vorm van een kleine sprankel Licht en een kleine druppel Liefde – een zeer krachtige druppel van Liefde in het hart.

↓

STAP – 13

"Dit ben ik, ik ben de Ziel. Ik leef in dit lichaam. Ik ben niet het lichaam. Ik ben hier om iets positiefs en creatiefs met het lichaam te doen, om zo anderen te helpen en Liefde voor altijd te verspreiden."

↓

STAP – 14

Focus je nu voor een moment op jezelf, op de Ziel die in jouw hart leeft. Focus je met ontspannen gezicht en een prachtige glimlach op je gezicht.

↓

STAP – 15

Wrijf nu zachtjes jouw handpalmen tegen elkaar en zachtjes over je ogen. Open nu rustig je ogen en kom terug in de ruimte en deze wereld.

RELAX

Vind een moment voor jezelf, gewoon even een paar minuten! Geef structuur aan je dagen!

BURN-OUT

Wanneer stress zich opbouwt, kan het uiteindelijk leiden tot een burn-out, wat resulteert in een tekort aan energie in lichaam en geest, en vervolgens in vermoeidheid. En dus leidt het tot verschillende gezondheidsproblemen.

Zoals de Ayurveda zegt, is het spijsverteringsvuur, ook bekend als agni, het onderdeel dat ons de lichamelijke energie geeft. Bij een burn-out breekt het vuur die energie langzaam af.

Het is niet eenvoudig om een burn-out te herkennen en het dwingt je soms om een tijdje te stoppen met werken. Je leven kan zelfs even stil komen te staan en het is vaak lastig om er zelf uit te komen.

De Ayurveda werkt vanuit het principe van ontwikkelen van persoonlijk bewustzijn, wat we moeten weten om het zelf te doen. Stress wordt meestal veroorzaakt doordat wij aan de behoeften en verwachtingen van anderen willen voldoen en denken dat we daardoor gelukkig worden. We laten ons leven door anderen bepalen en streven naar perfectie.

Depressie wordt alleen maar erger door het gebruik van veel medicatie. Adequate fysieke en geestelijke behandelingen helpen zowel jouw fysieke en geestelijk energie weer vrij te laten stromen. Dus je bent op de goede weg naar een betere gezondheid.

Dus, als je een signaal krijgt, of je voelt dat je in een burn-outsituatie terechtkomt, wacht dan niet tot het vanzelf over gaat maar maak een afspraak met jouw arts. Het geneest niet vanzelf.

Het is te adviseren om stressvolle situaties te vermijden. Een goed en gezond dieet zal je helpen om te herstellen.

MIDLIFE CRISIS

Wanneer was jouw leven niet een crisis? Als je naar jouw levenspad kijkt, dan kom je in elke periode in jouw leven wel een crisis tegen. De kindertijd was een crisis, pubertijd was een crisis, het zoeken naar een carrière was een crisis, midlife is een crisis, de menopauze zal een crisis zijn, ouder worden is misschien een crisis en de dood zal een crisis zijn. Als je naar deze opsomming kijkt, dan wordt het duidelijk en kun je bij jezelf nagaan wanneer jouw leven geen crisis is.

Als je midden in de midlife fase zit dan is jouw jeugd voorbij, de problemen van het ouder worden moeten er nog aankomen, daarom is midlife de tijd om die balans in je leven te vinden. En toch noemen wij dit midlife crisis. Midlife moet in balans zijn, denk je niet?

Een crisis is feitelijk alleen een verandering. Het is een fase in het leven waarin je niet bewust bent hoe ermee om te gaan en daarom noem je het een crisis. Verandering in het leven is onvermijdelijk. Het gebeurt of je het nu wilt of niet. Het ene moment adem je in; het volgende moment adem je uit – dit is verandering. Als je verandering tegenhoudt, dan houd jij het fundamentele proces van het leven tegen en zal je steeds verschillende soorten tegenslagen in het leven tegenkomen.

Sadguru stelt dat het leven alleen uit situaties bestaat die zich voordoen. Sommige situaties weten wij mee om te gaan, andere niet. Als je een leven leidt waarin je al weet hoe je elke situatie moet aanpakken, dan zul jij je heel erg gaan vervelen. Als jij niet weet hoe je om moet gaan met de volgende situatie die zich voordoet, dan zou je enthousiast moeten zijn, maar je denkt dat het een crisis is.

Het leven is een continu proces van verandering, kijk bijvoorbeeld door het jaar heen eens naar de bladeren van de bomen. Ze ondergaan veel veranderingen. In het ene seizoen takelen ze af om in het volgende seizoen weer sterk terug te komen. Je ziet dat het leven een continu proces van verandering is, niets is stabiel. Zowel binnen als buiten is alles constant in een dynamisch proces van verandering. Als je midden in het leven staat zul je het nooit als een crisis ervaren. Als je alleen maar met jouw emoties en gedachten bezig bent, dan is dat een crisis. Het is goed dat het een crisis is, anders zou je nooit een oplossing zoeken. Je zou voor altijd met een leugen leven.

Mensen willen altijd een doel in hun leven hebben, maar weten vaak niet hoe ze dat moeten bereiken. Er zijn twee manieren waarop we de betekenis en het belang van ons leven kunnen versterken. Aan de ene kant is dat het pad volgen dat we kennen en gepassioneerd over zijn, en aan de andere kant, je leven te zien met nieuwe perspectieven. Je kunt je bewust focussen op het gevoel dat je had toen je voor het eerst de keuze maakte, om te gaan trouwen, kinderen te krijgen, een bepaalde carrière te starten, voordat je het allemaal vanzelfsprekend vond. Voor alle gevallen geldt, dat als jij je meer bewust bent van jouw leven, dan zal dat jou herinneren aan wie jij bent, jouw talenten, sterke punten en jouw dromen. Het mooie is dat er nog steeds tijd is om jouw dromen uit te laten komen.

VREDE

"All we are saying is: give peace a chance."
- The Beatles"

Vrede is een essentieel onderdeel van ons leven. Het hebben van een gevoel van vrede in je hoofd, vrede in de wereld en vrede in het gezin zijn allemaal belangrijke onderdelen in het leven. Door Ayurveda zijn we in staat om te begrijpen dat gezondheid niet de bron is om je goed te voelen. Goed in je vel zitten is de bron van gezondheid. Vrede is een belangrijke factor in onze levens om er zeker van te zijn dat wij onze levens kunnen opbouwen, versterken en herstellen zodat wij er alles uit kunnen halen.

REFLECTIE

Iedereen heeft een droom en de meest effectieve manier om deze droom te verwezenlijken is het maken van een droombord.

Een droombord kan ook verwijzen naar een visionboard. Het is eigenlijk een stuk gereedschap dat jou visueel helpt om jouw doelen te stellen en te verwezenlijken. Door jouw doelen op te schrijven, focus jij je automatisch op deze doelen en dus treedt de wet van de aantrekkingskracht in werking.

Doordat jij jouw eigen unieke droombord maakt, zul je in staat zijn om de verschillende doelen en dromen die je hebt, duidelijk in beeld te krijgen en te weten hoe je deze op een creatieve manier in de toekomst kunt implementeren.

Hoe maak je een droombord?
Besluit allereerst met welk doel jij jouw droombord maakt.

Het moet als een visueel plaatje zijn, wat duidelijk maakt wat je in de komende jaren wilt bereiken. Jouw droombord zal jou steeds herinneren aan jouw gestelde doelen.

Visualisatie is bijna net zo krachtig als het uitvoeren van actie. Als jij jouw doel visualiseert, dan zetten jouw hersenen het lichaam aan tot de uitvoering ervan. We kennen allemaal de kracht van de samenhang. Onze geest en lichaam zijn ingesteld op herhaling. Hoe meer wij onze gedachten en handelingen herhalen, hoe sterker wij worden. Dus als jij jouw droombord maakt en je hangt het ergens op waar je het elke dag ziet, dan creëer je al automatisch de mogelijkheid om voortdurend jouw doel te visualiseren. Dit zal jouw geest en je lichaam trainen om jouw wensen of verlangens te manifesteren.

Waarom zou je niet gewoon beginnen met het maken van jouw droombord? Neem de tijd om voor jezelf uit te zoeken welke doelen je zou willen stellen en welke plaatjes of teksten jij op jouw droombord wilt verwerken. Het zal niet alleen een prachtige reminder zijn van wat je in je leven wilt, maar het zal een krachtige motivatie zijn om deze doelen werkelijk te realiseren.

Als je naar jouw huidige manier van leven kijkt, wat zie je dan? Wat en op welk tijdstip eet jij meestal? Wees eerlijk naar jezelf, beschouw jij wat jij eet als gezonde voeding? Wat drink je zo al, veel koffie, thee of frisdranken? Drink je dagelijks alcohol? Denk je dat een van deze dingen slecht voor jou is? Ben je helemaal gelukkig en lach je elke dag wel één of meerder keren voluit? Heb je plezier in het werk dat je doet of misschien werk je niet voor iemand anders? Waar word je echt gelukkig van? Welke persoonlijke prestatie heb jij kortgeleden nog geleverd en hoe voelde dat? Heb jij je kortgeleden nog ingeschreven voor een cursus of opleiding of ben je naar een bijeenkomst geweest? Wat heeft dat jou werkelijk gebracht? Heb jij jezelf op enig gebied persoonlijk ontwikkeld? Als jij het stressniveau bij jezelf zou moeten waarderen, wat is deze dan op een schaal van 1 tot 10? 1 is zeer goed (dus geen of minimale stress) en 10 is zeer stressvol. Wees eerlijk!

Zijn er nog andere punten die jij hier voor jezelf wilt benoemen?

Wat zie je, wat voel je, wat hoor je en hoe ben jij nu verbonden met de plek en de omgeving waar je nu bent?
Schrijf de antwoorden op al deze vragen voor jezelf op. Probeer het te beperken tot een half A4tje. Als je dat fijn vindt, dan kun je het delen met een gezins- of familielid die dicht bij je staat, of een goede vriend of vriendin.

Schrijf nu op welke van deze dingen die je hebt opgeschreven, je kunt veranderen om meer balans in je leven te krijgen, wat je daarvoor nodig hebt en wie jou daarbij kan helpen. Bijvoorbeeld iemand in jouw nabijheid of misschien een trainer of een coach.

Als je dat in beeld hebt, dan kun je nu een groot vel mooi karton pakken (dit kun je bij een kantoorboekhandel kopen). Je hebt deze in vele kleuren en kies de kleur die jou aanspreekt of de ondergrond die jij het mooist vindt. Het wordt tenslotte jouw persoonlijk en mooie droombord van het leven dat je graag wilt hebben en waar je elke dag naar kijkt.

Maak er een leuke activiteit van! Je kunt dit alleen doen, maar bijvoorbeeld ook samen met je familie. Ook kinderen vinden het geweldig om mee te doen, zij zijn meestal heel duidelijk en precies. Doe het samen! Als je dit hebt gedaan dan kun jij je gaan focussen op het realiseren ervan. Op deze manier laat jij op een duidelijk manier aan het universum zien wat je graag in het leven wilt.
Met deze eenvoudige reflectie geef jij jezelf een eerste inzicht

en zie je wellicht een patroon in de dingen die je wilt of doet. Ook word jij je bewust van de voor jou belangrijke dingen in het leven. Je ontdekt wat jij wilt veranderen, wie jou kan helpen en wanneer je dat bereikt wilt hebben.

TIJD BALANS - WERK/PRIVÉ

Zou jij op een gestructureerde manier meer balans in jouw kostbare tijd tussen werk en privé willen hebben?

Hoe krijg je balans en overzicht, zodat het je geestelijke rust geeft?

Je kunt dit bijvoorbeeld doen door eens rustig te gaan zitten. Ik snap dat je zegt dat je daar helemaal geen rust en tijd voor hebt, maar ik weet zeker dat je een momentje kunt vinden om dit te doen. Als je werkelijk balans wilt krijgen, dat is het belangrijk om als eerste de waarden die je in het leven hebt, te vinden. Schrijf op wat en welke waarde het aller-, allerbelangrijkst voor jou is, schrijf vervolgens op wat daarna het allerbelangrijkst voor jou is, dan wat iets minder dan het vorige belangrijk voor je is, maar nog steeds belangrijk en daarna wat minder belangrijk is dan de vorige waarden en ga zo maar door. Schrijf in totaal negen waarden op. Bedenk hierbij dat alles mogelijk is en dus hoe zou jij jouw dagen ingevuld willen zien? Laat je hierbij door niets en niemand afleiden.

Tips om jouw tijd te managen

1. Maak een todo-lijst

Dit zal je helpen om meer georganiseerd te zijn en het zorgt ervoor dat jouw werkzaamheden beter zijn te managen. Hierdoor kun je duidelijker zien welke werkzaamheden je al hebt gedaan en welke nog moeten gebeuren. Dit helpt je om meer geaard en georganiseerd te zijn en het houdt je gefocust op het afronden van je werkzaamheden of de dingen die je wilt doen.

2. Balans in je leven

Door balans in je leven te hebben, zul jij je rustiger voelen, meer geaard en gemotiveerd. Er zijn twee begrippen die het woord 'balans' beschrijven, dat is de 'uiterlijke balans' en de 'innerlijke balans'. De uiterlijke balans gaat over jouw werk, relatie en activiteiten, terwijl de innerlijke balans betrekking heeft op jouw hart en geest. Door voor beiden goed te zorgen, creëer je de mogelijkheid voor jezelf om een positieve balans in het leven te krijgen. Probeer te voorkomen dat de ene kant meer aan je trekt dan de andere kant. Dus zorg voor beide kanten.

3. Bereid je voor en plan

Zorg ervoor dat jij je werkzaamheden goed voorbereid door goed te organiseren. Plan en delegeer jouw werkzaamheden. Als je dat doet dan zal het je helpen om meer balans in je leven te krijgen, wat zal resulteren in een gelukkigere en gezondere jij.

“

Believe in yourself. You are braver than you think, more talented than you know, and capable of more than you imagine.

”

Roy T. Bennett

HOOFDSTUK 3.2: INKOMEN

Het is tegenwoordig goed om verschillende geldstromen te hebben. Dit komt, omdat het hebben van verschillende geldstromen je een gevoel van financiële zekerheid geeft, dat wanneer er een geldstroom uitvalt of blokkeert, je altijd kunt terugvallen op een andere geldstroom.

Probeer de volgende vragen te beantwoorden:

- Wat maakt jouw inkomen interessant?
- Waar komt jouw inkomen vandaan?
- Hoe zeker is jouw inkomen?
- Welk soort inkomen heb je?

FINANCIËN

Hoe jouw persoonlijke financiën en huishouden te managen: het hebben van meerdere bronnen van inkomsten is belangrijk, maar hoe jij in staat bent om jouw financiën en inkomen te managen is het belangrijkst.

BUDGETBEHEER EN SCHULDEN

Hoe jouw budget te bewaken: of het je nu geld oplevert, of niet. Aan het einde van elke maand zullen er altijd rekeningen betaald moeten worden. Terwijl sommige uitgaven nodig zijn, zijn andere overdadig en onbelangrijk. Het is daarom de verantwoordelijkheid van het individu om extreme uitgaven te beperken en meer focus te leggen op noodzakelijke uitgaven.

TIPS VOOR JOUW FINANCIËLE SUCCES

1) Houd je aan een budget:
Hoe weet je waar jouw geld blijft als je niet budgetteert? Je hebt een budget nodig, of je nu duizenden of honderdduizenden euro's, dollars of welke valuta dan ook per jaar verdient.

2) Betaal de schulden op jouw creditkaart af
Schulden op jouw creditkaart zijn het grootste obstakel om financieel vooruit te komen.

3) Zorg voor een Spaarplan
Betaal eerst jezelf! Je zou tenminste 5 tot 10% van jouw inkomen elke maand moeten sparen.

4) Krijg betaald wat je waard bent en geef minder uit dan je verdient. Het maakt niet uit hoeveel of hoe weinig je krijgt betaald, je komt nooit vooruit als je meer uitgeeft dan je verdient.

5) Investeer
Investeer in jezelf en ook in onroerend goed. Denk eraan dat de prijzen van onroerend goed elke periode van 10 jaar toenemen.

6) Verzekeringen
Herzie jouw levensverzekering, zorgverzekering, enzovoort, om jou en je gezin te beschermen tegen onvoorziene situaties.

7) Check jouw netto waarde
Jouw netto waarde, het verschil tussen jouw bezittingen en schulden, geeft jou inzicht waar jij financieel staat. Zorg er altijd voor dat jouw netto waarde toeneemt! Laat je niet weerhouden om een lening af te sluiten om te investeren in bezit dat jouw netto waarde zal verhogen.

8) Stel specifieke financiële doelen
Stel SMART doelen. Beschrijf wat jij met jouw geld wilt bereiken. Hoeveel schulden wil je afbetalen en binnen welke termijn? Hoeveel wil jij wanneer hebben gespaard?

9) Houd jouw kredietwaarde in de gaten
Mis geen enkele afbetaling of gebruik nooit het maximum van het krediet dat je beschikbaar hebt.

10) Ontwikkel een positieve mindset
Als je er niet in gelooft dat je rijk kunt worden, "Het hebben van geld zal niets veranderen". Door te geloven dat je rijk en vermogend bent, ben je al op goede weg!

HOOFDSTUK 3.3: DISTRICT

Als je niet gelukkig bent waar je woont, dan ben je ook niet gelukkig in je leven. Het belangrijkste voor de mens is om gelukkig en gezond te zijn. Het district waarin je woont, wat jouw dagelijks omringt, is ongelooflijk belangrijk voor jouw gezondheid en geluk, maar ook een plek om te wonen, het hebben van bescherming, in een veilige en schone omgeving kunnen leven en het comfort hebben van tenminste een basis lifestyle. Als je bent opgegroeid in de Westerse wereld, dan zijn veel van die dingen vanzelfsprekend. Het hoofdstuk District gaat over de plaats waar je woont, jouw directe leefomgeving.

LOCATIE

Hier gaat het over de locatie waar we leven, de straat. Woon je in een geschakelde woning, vrijstaand of woon je vrij ergens op het platteland? Het kan zijn dat je in een zeer luidruchtige en drukke omgeving woont.

Ziet de locatie er mooi uit? Voel jij je gelukkig? Misschien ben je wel trots op de buurt, misschien woon je in een smalle straat met dagelijks heel veel verkeer en veel uitlaatgassen en daardoor gebrek aan zuurstof, misschien woon je in een vreselijke buurt.

Je kunt je misschien wel voorstellen dat de locatie waar je woont meebepaalt of jij je al dan niet gelukkig voelt. Bijvoorbeeld, je woont in een straat waar je jouw auto niet in de buurt kan parkeren. Het kan stress opleveren als je dagelijks jouw auto ver van je huis moet parkeren. Het kost je veel tijd en gedoe.

Kijk nu voor jezelf eens naar de omgeving, het huis, de flat waarin je woont, en wat het met je doet. Stel je bent er niet gelukkig, maar je hebt geen andere optie dan er te blijven wonen, wat kun je dan doen aan de negatieve effecten die het voor jou kan hebben? Zorgt het voor veel stress?

Het is goed om als eerste voor jezelf te bepalen in welke mate het jou en jouw gezondheid beïnvloedt.

Kijk vervolgens wat je zou kunnen verbeteren om het voor jezelf aangenamer te maken.

LEEFOMGEVING

De natuurrampen die zich over de wereld voordoen, zijn een gevolg van wat wij het milieu, onze leefomgeving, hebben aangedaan. Natuurlijk zijn wij, jij en ik, hier zelf niet verantwoordelijk voor, het is de industrie en het zijn de auto's die onze leefomgeving vergiftigen. Is dat zo?

Maar hoe zou het voelen als jij een bijdrage kunt leveren aan een beter, schoner en gezonder leefklimaat voor jezelf, mensen om ons heen en onze planeet?

Zou het niet geweldig zijn als je begint met het planten van een boom in je tuin. Er is een tijd geweest waarbij mensen weinig zin hadden om in de tuin te werken. De tuinen werden bestraat met stenen, betonnen tegels en dergelijke. Lekker gemakkelijk, weinig onderhoud en er kan niets in dood gaan. Eenmalig een uitgave en dan is het klaar. Niets mis mee toch? Maar het probleem doet zich voor dat als iedereen dat gaat doen, hoe zit het dan met onze waterafvoer als het regent? Als er bomen en planten in de tuin staan, dan werkt het tweeledig. Eén, het regenwater wordt goed afgevoerd en opgenomen, een tweede is dat wij zuurstof uit het groen om ons heen krijgen. Bomen en planten geven nu eenmaal zuurstof af en sommige soorten reinigen zelfs de lucht. De kwaliteit van de lucht verbetert en alleen daarom al zouden wij dat moeten doen. Gelukkig is er weer een nieuwe tendens gaande en dat is het tuinieren met groen.

Kun jij je dus voorstellen wat het met onze leefomgeving op grotere schaal doet als wij meer groen, bomen en planten, in onze tuinen aanplanten, meer bloeiende planten die insecten en bijen aantrekken waardoor de natuur zich meer kan gaan herstellen, ook al beginnen we hiermee op hele kleine schaal? Wat doe jij? Heb jij bomen in jouw tuin en planten die insecten en bijen aantrekken?

THUIS

Wat betekent het woord 'thuis' voor jou?

Wanneer ik thuis ben, dan omring ik mij met dingen en mensen waar ik mij comfortabel bij voel. Het hoeft niet per se een perfect droomhuis ergens te zijn. Maar thuis zijn betekent voor mij een plek, waar dat ook mag zijn, waar ik altijd graag terugkom, waar en wanneer dan ook.

Het kan zomaar een kamer of een flat of een huis met vier slaapkamers en een mooie tuin zijn. Of een groot huis bij het meer, een tent ergens in de woestijn of boven op een berg. Een thuis betekent voor mij hetzelfde als het dragen van een warme en zeer comfortabele jas.

En vaak zie ik huizen waar mensen in wonen, die mooi zijn ingericht, soms zelfs door een binnenhuisarchitect, maar je voelt niet de zielen van de mensen die er wonen. Op de een of andere manier is er geen verbinding tussen die mensen en het huis of de inrichting, het voelt koud aan. Soms is er sprake van een mismatch tussen het huis en haar bewoners. Het wordt vaak onderschat wat het effect kan zijn van het huis waarin je woont, mentaal, het gevoel van comfort en geluk.

Ook hangt het ervan af wat je van huis uit hebt meegekregen bijvoorbeeld van jouw ouders, maar ook ideeën van je partner en de mensen om je heen. Praat met de mensen met wie je leeft en geef aan wat voor jou belangrijk is om je echt thuis te kunnen voelen.

Als het niet goed voelt, verander dan dingen in je huis. Voeg kleur toe, kijk naar materialen. Deel je kamer eens anders in. Verander alleen die dingen waar je het met elkaar over eens bent.

Kleuren kunnen het huis tot leven brengen, ze kunnen het licht of donker maken, ze kunnen jouw humeur beïnvloeden. Sommige kleuren kunnen je tot rust brengen terwijl andere kleuren jouw gevoel van comfort vreselijk kunnen verstoren. Denk daarnaast ook aan het effect dat planten in jouw huis op jou, op de atmosfeer en op het zuurstofgehalte in de ruimte kunnen hebben.

Al deze dingen zijn belangrijk bij het creëren van balans. Het helpt jou om ervoor te zorgen dat je een plek hebt waar jij veel tijd in doorbrengt én niet in de laatste plaats, waar jij je comfortabel voelt. Hebben de mensen met wie je leeft andere ideeën, zoek met elkaar dan naar de oplossing, zodat iedere bewoner een mate van balans voelt.

Ruim je huis op. Voor veel mensen is dit een lastig dingetje. Misschien niet voor jou, maar het helpt mij in ieder geval wel. Het zal je helpen om rust in je hoofd te krijgen omdat je niet hoeft te denken dat je nodig het huis moet opruimen. Ik heb het hier echt over overbodige rommel, het ligt er gewoon, niemand doet er iets mee en het heeft geen functie meer. Als je er een gewoonte van maakt om dit op regelmatige basis bij te houden, dan zul je merken dat het je geest ontspant.

STAD

Ik vind dit een interessant onderwerp. De stad waar ik geboren ben, is een van de grotere steden in Nederland. Geen wereldstad, maar een leuke studentenstad.

Het centrum van de stad heeft veel historische gebouwen, grachten en een fantastische sfeer. Ik ben daar geboren en hield van mijn stad met de grote verscheidenheid aan mensen die altijd ergens vandaan komen en ergens naartoe gaan. Maar als je een klein beetje verder inzoomt op de mensen die in die stad wonen, dan zie je achter al die gezelligheid ook een andere kant. Als mensen bijvoorbeeld vanaf het platteland in de stad gaan wonen, dat kan het zijn dat zij genieten van het stadsleven of ze raken gestrest van alle drukte die een stad met zich meebrengt, en ze zijn niet gelukkig.

Hetzelfde geldt voor kinderen, als zij met hun ouders meeverhuizen naar een nieuwe omgeving die anders is dan zij waren gewend. Sommige kinderen vinden het leuk, maken nieuwe vriendjes en vriendinnetjes en ze passen zich aan. Voor andere kinderen kan het best lastig zijn. Kun jij je voorstellen dat dit effect kan hebben op iemand die daar ongelukkig van wordt en het niet uitspreekt?

Wordt er niet vaak gezegd "Ach joh, je went er wel aan en na een tijdje ga je het vanzelf leuk vinden"?

Het wordt vaak onderschat dat zelfs de stad of plaats waar je woont invloed heeft op hoe jij je voelt. Veel mensen leven gewoon hun leven op de plek waar ze altijd zijn geweest. Tegenwoordig vertrekken mensen naar andere landen om daar een tijdje te gaan wonen en blijven daar soms definitief wonen. Anderen trekken een paar jaar rond en komen uiteindelijk weer op de plek terecht waar zij zijn begonnen. Omdat we veel meer reizen is het ook gemakkelijker geworden om te bepalen waar je wilt wonen.

En opnieuw rijst de vraag: ben ik gelukkig waar ik woon? Wil ik hier blijven, wil ik mij hier gaan vestigen? Voel ik mij in die wereldstad thuis, ben ik daar gelukkig? Heb ik goede connecties en heb ik daar een fijn sociaal leven?

Als het antwoord op een van deze vragen 'nee' is, denk dan nog eens na of dit de plek is waar je wilt zijn en je leven wilt opbouwen. En anders is het aan te raden om anders te beslissen.

Besluit je toch te blijven, zoek dan verbinding met gelijkgestemde mensen. Geluk komt niet naar jou, je zult zelf de eerste stap moeten nemen en jouw weg moeten vinden. Je kunt mensen die dicht bij je staan, familie, vrienden, een fantastische collega of een goede buurman of -vrouw vragen om je te helpen. En als je niet direct mensen in jouw eigen omgeving hebt, dan kun je eens gaan kijken naar inspirerende boeken. Je kunt overal boeken vinden. En ook op internet vind je veel informatie die je kan helpen.

LAND

Hoe belangrijk is het land waarin je woont voor jouw gezondheid, rijkdom en geluk?

We leven niet altijd in het land waarin we zijn geboren en zijn opgegroeid. Jouw geboortegrond.

Het leven in een ander land of andere cultuur dan waar je geboren bent kan een enorme impact op jouw gevoel van geluk hebben. Past deze cultuur bij jou, vind je het leuk en kun je gemakkelijk integreren?

Als jij je realiseert dat je niet gelukkig wordt in het land waar je nu woont, dan is het misschien goed om terug te gaan naar het land waar je wel gelukkig was. Dit gebeurt soms bij mensen. Sommige mensen kunnen niet aarden en vinden het lastig om zich aan te passen aan nieuwe gewoonten of de nieuwe cultuur van het land waar ze naartoe zijn verhuisd.

Als mensen in bijvoorbeeld twee landen hebben gewoond, en zij hebben de nieuwe cultuur omarmd, dan voelen zij zich meestal aan beide landen verbonden. Ze zijn in het land waar ze nu wonen gelukkig, maar denken ook met weemoed terug aan het land van oorsprong. Andersom geldt het net zo, eenmaal weer in het moederland dan trekt ook het nieuwe land weer, om naartoe te gaan.

Ook gebeurt het dat de ene partner happy is en de andere partner niet. Dit kan binnen de relatie veel stress opleveren en uiteindelijk is niemand gelukkig. Op dat moment wordt het tijd om na te gaan wat het beste compromis is zodat beide partners tevreden zijn.

Het wordt door de buitenwereld vaak niet gezien omdat er naar buiten toe met niemand over wordt gepraat. Maar geloof me, het zal meer voorkomen dan wij denken. Een gevolg kan zijn dat een of beide partners uiteindelijk ziek worden.

SOCIALE EN PUBLIEKE LIFESTYLE

De invloed die social media op onze lifestyle heeft is enorm en daarmee ook op ons persoonlijk leven en gevoel van geluk.

De effecten van lid zijn van een groep of bij een groep horen. De meeste mensen willen ergens bij horen en meestal is dat een groep. Tegenwoordig vind je talloze groepen in veel variaties waar jij je bij kunt aansluiten. Je vindt ze op internet zoals bijvoorbeeld Facebook, LinkedIn, Instagram enzovoort.

Het maakt niet echt uit of je actief lid van een groep bent of niet, je zult je moeten houden aan de regels en reglementen, als er al regels zijn natuurlijk. Zoals in elke groep zijn er leiders en oprichters van de groep die je volgt.

Dit brengt mij nu naar de vraag: wie ben jij? Ben jij een initiatiefnemer of ben jij en volger? "Hoe bedoel je, waarom is dat zo belangrijk?" zeg je misschien. Nou ja, dit kan misschien in elke situatie naar voren komen. En het maakt niet uit wie je bent, er is namelijk geen goed of fout antwoord. Het is om het verschil te illustreren en duidelijk te maken hoe je de dingen doet die je doet. Een voorbeeld: je kunt iemand zijn die graag sociaal verbonden is, maar geen volger is. Die onafhankelijk is en niet snel door anderen te beïnvloeden is en wel sociaal is. Dit geeft veel positieve energie.

Aan de andere kant kan het zijn dat je blind iemand volgt, doet wat die ander doet, die zegt wat jij moet doen. Als dat het geval is dan kun jij je afvragen of dat is wat jij wilt. Als het antwoord daarop ja is, dan is dat prima. Is het antwoord echter nee, laten we dan even verder kijken.

Stel jezelf de vraag, wat betekent de groep voor mij? Voegt het iets toe aan mijn leven? Lid zijn van welke groep dan ook kan fantastisch zijn. Vooral als het een groep is met gelijkgestemde mensen. Maar als het niets toevoegt of als het een gewoonte is om lid te zijn, dan is het tijd om een beslissing te nemen. Wil ik lid van deze groep blijven, of kan ik ook meer uit het leven halen zonder dat ik lid van deze groep ben en ik nieuwe contacten ga maken of ander groepen ga zoeken die mij meer inspireren?

Bijvoorbeeld als je een bekend iemand bent, een acteur of actrice of je zit in de politiek, dan kan het zijn dat lid zijn van een bepaalde groep of groepen stressvol kan zijn en jou kwetsbaar maakt.

Maar zelfs als je er niet bewust van bent waar welke social

media groepen toe in staat zijn en welke groepen goed of slecht voor jou zijn, het is voor jou belangrijk dat jij een goede balans hierin vindt. De buitenwereld komt dagelijks bij ons binnen met veel informatie en communicatie. Het uitwisselen van informatie gebeurt zeer snel en je hebt er niet altijd zelf controle over.

Wees je dus bewust van wat social media voor jou doet en hoe het jou kan beïnvloeden.

"The Moment We Let Go Is The Moment We Find Freedom."

Unknown

LETTING GO

HOOFDSTUK 4
LOSLATEN!

LOSLATEN VAN IEMAND OF IETS WAAR WIJ ZO VAN HOUDEN EN WAT WIJ KOESTEREN

Loslaten kan een van de moeilijkste dingen zijn die wij in het leven tegenkomen.

Heb jij ooit iets of iemand waarvan je zo hield en wat je zo koesterde moeten loslaten? Ik in ieder geval wel. In mijn leven heb ik vaak moeten loslaten.

Als je aan loslaten denkt, dan zou je kunnen zeggen dat je vaak of misschien wel altijd hebt moeten loslaten Maar deed je dat werkelijk? Heb je het ook werkelijk in je hoofd losgelaten of ben je over jouw gevoel heen gestapt en ben je verder gegaan met je leven? Kun jij loslaten of hou jij je er onbewust aan vast omdat het je een vertrouwd gevoel geeft? Je kent tenminste het gevoel en je blijft zo in jouw comfortzone, waar alles veilig en vertrouwd lijkt.

In veel situaties realiseren we ons niet eens dat wij emotioneel blijven vasthouden aan gebeurtenissen en situaties. We denken dat nare gevoelens, stress en angst een andere oorzaak hebben en ons blokkeren om verder te gaan.

Wij hebben allemaal op een zeker moment iets of iemand moeten loslaten. Misschien moest je de beschermende liefde van een of beide ouders loslaten. Bijvoorbeeld in een scheidingssituatie, waar jij als kind moest loslaten en de nieuwe situatie moest accepteren waarin je gedwongen terecht kwam.

Misschien heb jij jouw ouders moeten loslaten toen je opgroeide, en vice versa moesten jouw ouders jou laten gaan toen jij het huis uitging, op weg naar jouw volwassenheid.

Misschien moest je een dierbaar familielid of goede vriend loslaten omdat deze besloot om naar de andere kant van de wereld te verhuizen.

Misschien ben je door een politiek besluit genoodzaakt om familieleden los te laten, wanneer jullie levens door een hoge muur of bewaakte landsgrens zijn gescheiden. Soms voor 20, 40, 70 jaar, dus voor het leven. Maar kun je het verdriet, de tranen en het gemis loslaten en jouw leven zo goed als je kunt leven, zodat het de moeite waard is, en erop vertrouwend dat je elkaar op een dag weer in de ogen kijkt en kunt omhelzen?

Of in vreselijke situaties van oorlog, waarbij jij en jouw familie en vrienden door geweld uit elkaar gerukt worden. Misschien moet je een geliefd persoon die ernstig ziek is, een kind, een moeder, een vader, een ander familielid of een vriend loslaten als het afscheid komt?

Misschien moest je op een goed moment afscheid nemen van materiële zaken, bezittingen, dingen die je koesterde en verloor in een brand, een desastreuze storm, overstroming of aardbeving.

Misschien moest jij het beroep waar jij zo van hield opgeven, omdat je fysiek, geestelijk of emotioneel niet meer in staat was om het uit te oefenen.

Misschien heb jij jouw baan, waarin je vele jaren hebt gewerkt, door een reorganisatie of andere zakelijke omstandigheden moeten opgeven. Met het verlies van jouw baan verloor je ook jouw inkomen, collega's, jouw sociale leven en jouw status.

Misschien moest jij jouw angst om in het openbaar te spreken loslaten, wanneer jij daarvoor werd gevraagd.

Misschien moet je het hebben van controle en perfectionisme loslaten, als anderen de regie overnemen. Dit is voor veel mensen erg lastig.

Misschien wil je de druk van het nemen of hebben van te veel verantwoordelijkheid, de overtuigingen die jou blokkeren en de oordelen die mensen over jou hebben graag loslaten, maar denk je "hoe doe ik dat"?

Kun jij drie dingen benoemen die jou tegenhouden en die je niet kunt loslaten? Als je niets kunt bedenken, vraag dan iemand uit jouw directe omgeving, die jou goed kent om mee te denken. Soms ziet en weet iemand uit jouw directe omgeving meer van jou dan jij zelf ziet.

Als je onderzoekt wat jou op welke manier dan ook tegenhoudt, dan kun je leren hoe je op de juiste manier kunt loslaten.

Het mooie ervan is dat je op heel veel manieren kunt leren om los te laten. De resultaten zijn geweldig!

In mijn coachingsprogramma's ga ik daar dieper op in.

Het loslaten van gevoelens zoals boosheid, angst, schuldgevoel, onzekerheid, ongelukkig zijn, verdriet, pijn, niet geliefd zijn en eenzaamheid, zal je helpen om jouw potentieel te herontdekken, ruimte te geven en jou prachtige zelf naar buiten te brengen.

Soms is het goed om een coach of mentor te vragen om je te helpen bij het proces van loslaten. Maar ook het lezen van een boek over een specifiek onderwerp dat jou bezighoudt, kan je wakker schudden en helpen om je bewust te maken van wat jou weerhoudt om het leven te leven wat jij wilt en de mooie persoon te zijn die al bent.

Zo had ik de ervaring om veel dingen in mijn leven los te laten, zoals dierbaren, materiële zaken na een huisbrand en de baan waar ik van hield. Er is echter één ding dat ik heb geleerd; dat materiële dingen vervangen kunnen worden, maar dierbaren niet. Je kunt ze niet meer vervangen of terughalen. Soms kun je een relatie met iemand weer oppakken, maar nadat zij ons hebben verlaten, is er geen weg meer terug. Ook jouw leven en jouw geluk kunnen ernstig beschadigen als je niet loslaat. Juist door het loslaten, door het echt te doen, zal het leven zich voor jou openen met ontelbare nieuwe mogelijkheden

A TRIP DOWN MEMORY LANE

Ik ben in een warm en liefdevol nestje geboren. Ik was de jongste van vier kinderen, twee oudere broers, zeven en vier jaar ouder. Naast mijn twee broers had ik ook een zus, maar na een voldragen zwangerschap van negen maanden bleek er iets mis te zijn en moest mijn moeder bevallen van een kindje dat niet meer leefde. Ik heb mijn zus helaas nooit gekend.

Toen mijn oudste broer plotseling naar Engeland vertrok om daar een tijdje te gaan werken, was ik erg verdrietig. Afscheid nemen kon ik niet. Met mijn tweede broer, die vier jaar ouder was dan ik, had ik een directere verbinding. Zijn vriendinnen waren maar een fractie ouder dan ik. Wij deelden veel met elkaar, huilden en lachten samen. Ik was dan ook erg verdrietig toen hij op 19-jarige leeftijd besloot om naar Perth in West Australië te vertrekken. Ik herinner mij dat ik een harde snik liet toen wij hem op Schiphol uitzwaaiden. Zijn beste vriend zei dat ik mij geen zorgen moest maken, hij zei:

"Hij blijft niet voor altijd weg, hij komt echt weer terug, geloof me."

Maar mijn verdriet was zo groot, ik miste hem zo, dat ik soms moest huilen als ik een brief naar hem schreef. Later begreep ik dat het een voorgevoel was, dat hij niet meer zou terugkomen.

In juni kwam ik thuis van mijn eerste stagedag van een stageperiode van zes weken. Iedereen was thuis en de auto van de huisarts stond voor de deur geparkeerd. Ik zie het zo weer voor me, ik dacht dat er iets met mijn moeder aan de hand was. Toen ik binnenkwam hoorde ik mijn moeder huilen, zij kon het dus niet zijn. Maar als er niets met mijn moeder aan de hand is, wat was er dan gebeurd?

Toen ik de kamer binnenliep, hoorde ik het vreselijke nieuws dat mijn broer in Australië was verongelukt. Een stomdronken automobilist was op de auto waar mijn broer in zat, ingereden. De artsen in het Royal Perth Hospital hadden nog uren gevochten voor zijn leven, maar de verwondingen waren te ernstig om hem te kunnen redden. Mijn maatje, mijn lieve broer, dood!! Weg!! Hij had al definitieve plannen gemaakt om naar Nederland terug te komen en wilde nog een prachtige reis via Japan, Siberië, Moskou terug naar Amsterdam maken. Het plan was dat hij zes weken na de datum van het ongeluk weer in Nederland terug zou zijn. Hij kwam thuis, eerder dan gepland, in een kist. Een vreselijke ervaring voor ons allemaal, een die je nooit meer vergeet. Het voelde alsof de helft van mij was weggeslagen. Niemand kon het echt geloven en toen zijn vrienden uit Australië overkwamen voor de begrafenis, bij ons logeerden en verhalen over de laatste jaren uit zijn leven loskwamen, begrepen wij dat deze nachtmerrie werkelijkheid was!

Het was zomer toen de Australische vrienden van mijn broer in Nederland waren en mijn ouders en mij een bezoekje brachten. Ik wilde in die tijd graag een jaar naar Zwitserland om internationale ervaring in mijn vakgebied als bloemenarrangeur op te doen, daarnaast was het goed voor mijn talenkennis. Tijdens het bezoek zei een van zijn vrienden: “Als je toch naar het buitenland wilt, waarom kom je dan niet naar Australië? Het is een heel ander continent en je kunt zien waar jouw broer heeft gewoond en gewerkt.” Dat leek mij wel wat, maar eerst heb ik mijn ouders aangekeken en gevraagd of zij ermee konden leven dat ook hun jongste kind naar het land zou vertrekken waar mijn broer was verongelukt. Zij vonden dat ook ik het recht had om mijn eigen ervaringen op te doen en mijn weg te vinden in het leven. En zo gingen zij een paar weken daarna met mij mee naar informatiebijeenkomsten over emigratie naar Australië. En zo begon alles voor hen weer opnieuw, voor mij begon een nieuwe reis in mijn leven. Mijn vader ging een hele dag met mij mee naar Den Haag, voor de keuringen, testen en interviews bij het Australische consulaat. Dat vond ik een van de mooiste momenten die ik met mijn vader heb gehad en wat moet het moeilijk voor hem zijn geweest om zijn meisje los te laten. Dank je wel, pap! En dank jullie allebei dat jullie mij hebben laten gaan, mij hebben losgelaten!

Doordat ik familieleden heb verloren, ons huis en mijn baan ben kwijtgeraakt, heb ik geleerd hoe belangrijk het is om situaties, materiële zaken, emoties en gevoelens los te laten, ik heb geleerd dat verlies bij de cyclus van het leven hoort.

"Letting Go Is All About The Acceptance To Trust Yourself To Be You."

Nelleke Scholten

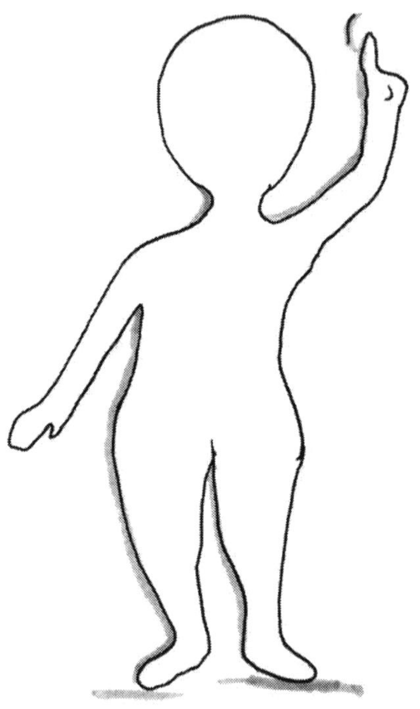

Ben jij er klaar voor

om

Los Te Laten!

Jouw Eigen Unieke Leven te Creëren!

en

Jouw Reis te Beginnen?

Creëer jouw unieke leven formule

De kracht van het creëren van jouw unieke leven is dat jij als jij eenmaal besloten hebt welke eindbestemming je hebt, het volgende uitwerkt: maak een collage of tekening, schrijf het uit op een mooi papier, zorg dat het er mooi uitziet en hang het op een plek waar jij het dagelijks ziet. Zorg er ook voor dat je specifiek in tijdsperioden aangeeft waanneer je daar wilt zijn. Dan zal dat zich gaan manifesteren.

Ben je er klaar voor om jouw unieke leven te creëren? Dan is het nu tijd om concreet jouw bestemming te bepalen en in actie te komen!

Stap 1. Pick Your Destination (Bepaal jouw bestemming)

Bedenk waar je naartoe wilt en wat je wilt doen, wat je wilt zien gebeuren en wie jij wilt ontmoeten. Visualiseer deze plek. Herhaal dit elke dag.

Stap 2. Personalise (Maak het persoonlijk)

Wat en hoe wil jij het personaliseren om het volledig jouw reis te laten zijn?

Stap 3. Plan your trip (Plan jouw reis)

Tijdspad. Zet deadlines waar ze nodig zijn. Wees niet bang om deze aan te gaan en daag jezelf uit. Wees duidelijk en specifiek.

Stap 4. Prepare
(Bereid je voor)

Zoek de juiste training en relevante informatie via boeken, internet of andere media, coaching en mentoren. Vraag hulp waar nodig.

Stap 5. Pack your bag
(Pak je tas)

Wees er zeker van dat nadat je alle voorbereidingen hebt getroffen, je een checklist hebt gemaakt van alles wat je voor jouw reis nodig hebt.

Stap 6. Power to Take-off
(Klaar om te vertrekken)

Je staat op het punt om deze fantastische reis te beginnen. Start NU de motor!

Stel de tijd van vertrek in.

Je kunt nu aan jouw fantastische reis beginnen, het leven zal je leiden! Jij bent de Ontwerper Van Jouw Leven. JIJ hebt die kracht in je om het beste uit JEZELF te halen. Je hebt dus nagedacht over hoe jouw leven eruit zal zien. Begin nu bij het begin. Kijk naar alle aspecten en waar jij veranderingen in wilt aanbrengen. Denk erom dat dit niet iets is om alleen maar over te schrijven, de motoren draaien, maar JIJ moet nu de handle overhalen om te kunnen vertrekken.

WAAROM ZOU JE NOG WACHTEN?

Neem nu actie!! De tijd staat niet stil.

Er is geen reden om de reis naar Jouw Bestemming te vertragen!

Ik wens jou een meest geweldige, inspirerende en fantastische reis toe met het creëren van Jouw Unieke Leven!

Geniet van elk moment, elke uitdaging die je tegenkomt en vier jouw fantastische momenten van behaalde successen.

Be, healthy, wealthy and happy!

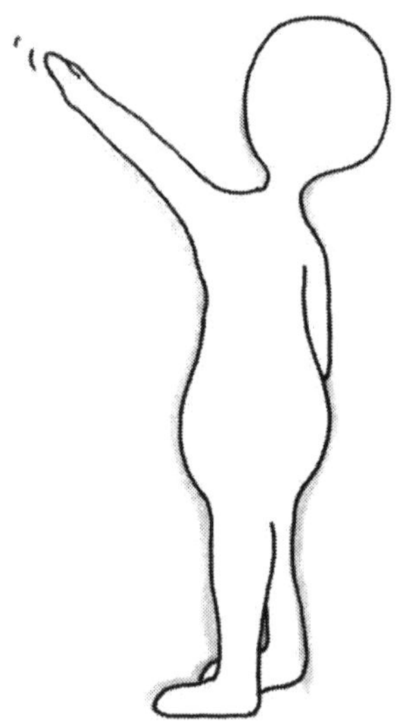

Nelleke Scholten

OVER DE AUTEUR

Na enige Jaren te zijn geconfronteerd met verschillende omstandigheden en na het overwinnen van (fysieke) uitdagingen, heeft Nelleke een paar jaar geleden besloten om 'Los Te Laten!' en haar passie en doel in het leven op te pakken; een Global Life Changer zijn.

In de laatste 20 jaar heeft zij zich ontwikkeld tot een professionele Life-expert, Dé specialist in "Ayurveda meets NLP", Empowerment Coach en Public Speaker. Haar thema is "Loslaten!" Nelleke heeft een missie om mensen aan te sporen om ultieme vrijheid, een betere connectie en een betere lifestyle te krijgen, om zo gelukkig, rijk en gezond te worden en alles uit het leven te halen. Dit doet zij door het toepassen van haar creatie, 'The Unique Life Creator System™'.

Daarnaast heeft zij het doel om een wereldwijde community uit te bouwen. Zij heeft hiervoor The Unique Life T.R.E.E.™ community opgericht, met als onderdeel The Unique Life T.R.E.E.™ Foundation, om een bijdrage te leveren aan de wereld (mens en natuur). T.R.E.E. staat voor Treasure, Respect, Empower en Embrace.

Nelleke is een gekwalificeerd Ayurvedisch therapeut. Naast de Ayurveda is zij ook opgeleid en gecertificeerd door internationale trainers op het gebied van persoonlijke ontwikkeling en financiële vrijheid, zij heeft actief deelgenomen aan een Mastermind groep en de Millionaire Mind Intensive. Daarnaast is zij NLP Master Practitioner, International Public- en Professional Speaker. Zij heeft verscheidene Empowerment trainingen, Empowerment coaching en verschillende Ayurveda trainingen met succes afgerond en vanuit haar ervaringen en trainingen The Unique Life Creator System™ ontwikkeld.

Vanuit de Financial Freedom Advanced training maakte Nelleke deel uit van een Mastermind groep, 'SunPower'. Deze werd gevormd door een groep van vier mensen van verschillende leeftijden met verschillende disciplines en specialismen met het doel om elkaar te helpen, nieuwe ideeën uit te werken en elkaar te inspireren.

Zij is een gecertificeerd NLP Practitioner en Master Practitioner. Zij heeft haar opleiding gevolgd aan de University of NLP in Amsterdam.

Nelleke heeft deelgenomen aan de gecertificeerde opleiding van Andy Harrington's Public Speakers University en met goed gevolg afgerond. Zij heeft de opleiding voortgezet bij de Professional Speakers Academy.

I Am Building The Global Movement

of Empowered Change makers

and

By Choosing Love and Connection,

We Change People's Lives

To

Become Free, Happy And Healthy Forever!

Dit boek leidt de lezer door drie verschillende gebieden in het leven: Onafhankelijkheid, Connectie en Lifestyle. Alle drie zijn met elkaar verbonden. De Ayurveda, letterlijk vertaald de wetenschap van het leven, laat zien dat je deze onderwerpen niet van elkaar kunt scheiden, daar Ayurveda een totale manier van leven is. Deze drie zijn de gebieden waarin wij onze uitdagingen vinden. Soms zijn het dagelijkse uitdagingen, soms zijn ze complexer. Wanneer er ergens sprake is van een verstoring of onbalans, dan is de kans groter dat je niet gelukkig bent, omdat de balans tussen geest, lichaam en ziel er niet is en zo jouw gezondheid beschadigt. En als een sneeuwbaleffect zou het invloed kunnen hebben op meerdere gebieden in je leven.

Daarom is The Unique Life Creator System™ op Ayurvedische principes gebaseerd. Het neemt jou mee door de drie gebieden in het leven om zo meer uit te zoeken waar jouw uitdagingen liggen, en helpt je om jouw unieke leven te creëren en om gezond, rijk en gelukkig te worden.

Dit boek wordt in de Nederlandse en Engelse taal gepubliceerd.

Voor meer informatie over onze training- and coaching programma's, stuur dan een e-mail naar:

info@theuniquelifecreator.com

Website
www.theuniquelifecreator.com

Social media
www.facebook.com/theuniquelifecreator
www.linked.com/theuniquelifecreator
www.instagram.com/theuniquelifecreator
www.twitter.com/theuniquelifecr

"

All our dreams can come true, if we have the courage to pursue them.

"

Walt Disney

BIBLIOGRAFIE VAN INSPIRERENDE BOEKEN

Bach, R. *Jonathan Livingston Seagull – The complete edition.* Uitgeverij Simon & Schuster, 2014

Braden, G. *The Divine Matrix – Bridging time, Space, Miracles and Belief.* Hay House Inc. 2007

Chauhan, P. *Eternal Health - the essence of Ayurveda,* the Gondals Press, New Delhi 2000

Chauhan, P. *Ayurvedic Home remedies – Fast and easy recipes to restore your health naturally.* Jiva Institute, New Delhi India, 2010

Chopra, D. *Quantum Healing - Exploring the frontiers of mind body medicine,* Bantam Books USA 1990

Dash, B. *Ayurvedic Cures for Common Diseases - The science of Self healing.* 5e paperback editie, Hind Pocket Books (P) LTD 1995

Dilts, R.B. *From Coach to Awakener.* Eerste editie 2003, Meta Publications

Edwards, G. *Living Magically – A New Vision of Reality.* Paperback editie 2009 door Piatkus Books, Great Britain.

Eker, T.H. *Secrets of the Millionaire Mind – Think Rich to Get Rich.* Paperback editie 2007 door Piatkus Books, Great Britain

Frawley D./ Ranade S./ Lele A. *Ayurveda & Marma therapy*. Eerste editie VS: Wisconsin, 2003 by Lotus Press

Harrington,A *Passion into Profit – How to make big money from who you are and what you know*. Eerste editie 2015, Sparks Publishing Services Ltd

Hill, N. *Think and Grow Rich - The Secret to Wealth Updated for the 21st Century*. Ebury Publishing 2004

Kiyosaki K. *It's Rising Time – a call for woman, What it really takes for the reward of financial freedom*, Plata Publishing, LLC, Scottsdale AZ. 85251. 2011

Lad, V. *Ayurveda – The science of Self-Healing, a practical guide*. Uitgegeven in 1990 door Lotus Light, Wilmot, WI 53192

Lad, V./ Frawley D. *The Yoga of Herbs*. – An ayurvedic guide to herbal medicine. Lotus Light Press, Wisconsin USA 1992

Rohn, J. *7 Strategies for Wealth and Happiness – Power Ideas from America's foremost business philosopher James E. Rohn*. Uitgegeven door Prima Publishing, Roseville, California, in 1996

Shankardevananda, S. *The Practices of Yoga for the Digestive System*. Uitgegeven door Yoga Publications Trust, 2006

Interessante websites

Ayurveda : www.jiva.com
Brand Builders: www.howtobuildabrand.com
Illustraties : www.howtobeaqueentrepreneur.com
Fotografie : www.christiaanhofland.nl
Mpowerment : www.mpowerment.com

TESTIMONIALS

In dit boek 'Unique Life Creator' deelt Nelleke de uitdagingen die zij in haar leven aanging, maar vooral haar kennis en ervaring. De inhoud is gerelateerd aan dagelijkse situaties die wij allemaal wel op de een of andere manier in het leven tegenkomen. Het boek straalt de passie van Nelleke uit om de mens centraal te stellen. Wie ben je en wat wil je! Deze passie en haar gedrevenheid hebben geresulteerd in een uniek programma 'The Unique Life Creator System™' dat gebaseerd is op een unieke combinatie van Ayurveda en NLP en een prachtige aanzet om mensen tot nadenken te zetten over hun eigen leven. Het is een inspirerend, verhelderend en stimulerend boek en ik raad het de lezer absoluut aan om te lezen!

~ Richard Breijer, Directeur Roodbeen

The author has clearly put together all the aspects in life which cause us to achieve a successful, happier, peaceful and divine life. If you are looking to achieve harmony of inner in all aspects of body power and greatness, Nelleke describes clearly in her book how you can find balance in mind, body and soul to upgrade your self-esteem and better value ourselves in life. I was very impressed by 'The Unique Life Creator System™' which was based on ancient Ayurvedic nature based principles. It takes you through the three areas in life to find out more about your challenges, and helps you to create your own unique life to become healthier, wealthier and happier. A very well structured book which goes into resourceful in depth detail. Definitely worth the read and I highly recommend implementing her Unique Life Creator System into your everyday lives and I'm certain you will see drastic changes in your lifestyle for the betterment!

~ Professor dr. Pushpita Awasthi, Director Hindi Universe Foundation

Het boek Unique Life Creator gaf mij bij sommige stukken, direct een gevoel van herkenning, enthousiasme in andere delen maar vooral inspireerde het mij om (opnieuw) op een andere manier naar mijzelf te kijken, mijn leven en naar mijn onderneming. Ik hou heel veel van de Ayurvedische manier van kijken. Dat zaken met elkaar samenhangen, elkaar beïnvloeden, in elkaars verlengde liggen. NLP gaat natuurlijk meer over hoe je denken werkt, hoe je op een andere manier naar een zelfde persoon of situatie kan kijken en hoe dat waardevol ingezet kan worden om je dagelijks functioneren te verbeteren. Maar… ook zonder tussen de regels door te kunnen lezen, is het duidelijk dat Nelleke een vrouw is met levenservaring, werkervaring maar ook uitgebreid opgeleid in de fysieke en mentale kennis en functioneren van de mens in zijn geheel. En wie heeft dat niet op een bepaalde leeftijd?!! Het unieke schuilt hem in het combineren van haar kennis en ervaring; het op een toegankelijke manier inzichtelijk maken en tegelijk bruikbare handvatten te geven, zodat de lezer er direct mee aan de slag kan. En dat is bijzonder. Kennis hebben is één ding, kennis op een begrijpelijke en toegankelijke manier delen is wat anders. Ik weet zeker dat de wereld en de mensen baat hebben bij jouw woorden en kennis, Nelleke!

~ José Pieterson, Architect of Business Clarity

De afgelopen jaren heb ik vele boeken mogen lezen over persoonlijke ontwikkeling & coaching, om vanuit een eigen perspectief een verandering in mijn leven door te voeren. Dit boek: “De Unique Life Creator” geeft zonder twijfel een geweldige blik met grote inzichten die praktisch toepasbaar en te gebruiken zijn binnen jouw dagelijkse leven!

~ Edwin van Korlaar, CCO, Xcellent

Have you ever felt overwhelmed by life, stressed or burned out? Maybe your only wish was to be more happy, healthy and free to do what you want. But how? If you are like me it sometimes feels like there is a secret and evil hand pulling you back all the time. You make one step forward, two steps back. This happened to me, until I learned more about NLP and how we can re-wire our "old life". How amazing would it be to get a handbook for your own "mesearch". A mix of proven science, psychological strategies and self-realization tools that really do the job. This is what Nelleke Scholten has created. With "Unique Life Creator" she brings an unique mix of NLP and Ayurveda into one book. Based on her own life and experience this is a hands-on book for everyone, that wants to take the next step towards a better life. Nelleke is such a beautiful soul and warmhearted person, that is was a joy to read her wonderful approach to more health, wealth and happiness. This is what most people aim for in life. Enjoy this journey to a better life, if…and only if…you are willing to do the work. Reading alone will not change anything. The secret to success is putting this knowledge into practice - every day. And Nellekes book will provide you with all necessary tools to get started. Enjoy the ride.

~Norman Graeter, Keynotespeaker, Inspirator and double European Champion in Public Speaking

This book is a true inspiration with so many informative life lessons which really does make you think. I will definitely be incorporating the author's 'Unique Life Creator System™'into my everyday life along with the Jiva meditation. A highly recommended book on all levels.

~Labosshy Mayooran, Research Analyst, Author, Publisher & Mumpreneur

Having built 8 companies, I understand the importance of every word in this book. Freedom and connection are super important to me, but gradually getting caught in the trap of working all the time meant I not only lost connection with myself and my family. I also lost my freedom, which was killing my relationships, my desire to continue living and my body. I wish I had read this book before I ended up in hospital burned out and breaking down 5 years ago. As I read each page here, my eyes were opened to the strategies I could have used back then, had I known what to do. It really is a tremendous read, full of great insights, practical implementation techniques for everyday living and it has a wonderful message throughout. I highly recommend this book to be read by every human on the planet.

~Sammy Blindell, Founder, CEO & Brand Brain "Be The Brand You Want To See In The World"

When Nelleke approached me in regards to writing her book I was thrilled by the concept and she wowed me over with her life experiences. Throughout the book she clearly links her life experiences and how us the readers can use her Unique Life Creator System™ in our everyday lives to better ourselves to be more healthier, wealthier and happier. By bringing the techniques of NLP and Ayurveda together she has provided us with the perfect tool, 'this book', to implement on a day to day basis. There have been so many challenges mentioned in this book that I could truly relate to. This book is definitely worth the read and I'm sure it will benefit so many people. Congratulations Nelleke on achieving to deliver such a fantastic read.

~Mayooran Senthilmani, Finance Director, Author, Publisher & Inspirational and Empowerment Speaker

Nelleke Scholten's book, "Unique Life Creator," blew me away from the beginning —with Dr. Partap's opening paragraph of how we create our own imbalance by the foods we eat to the activities we do which are against our nature— to that concept being re-enforced in chapter 2, how your environment really does influence you. What I appreciate most about Ms. Scholten's work is the dedication to me, as the reader, the person to whom she is speaking, pulling me into her wisdom. The advice given within the pages between the covers is easy to follow and makes sense to my perspective. Clearly this book was written with love and concern so that I may live a happy, healthy, and stress-free life. If you are looking for a way to bring ease into your daily regime, you must read this work to design your own "Unique Life Creator."

~ Peggy Lee Hanson, Author, Publisher